国际汉语教育中的
文化融入与跨文化交流

范佳佳　著

北方文艺出版社

·哈尔滨·

图书在版编目（CIP）数据

国际汉语教育中的文化融入与跨文化交流 / 范佳佳

著. -- 哈尔滨：北方文艺出版社, 2024. 12. -- ISBN

978-7-5317-6505-9

Ⅰ. H195.3；G125

中国国家版本馆CIP数据核字第2024CB6097号

国际汉语教育中的文化融入与跨文化交流

GUOJI HANYU JIAOYU ZHONG DE WENHUA RONGRU YU KUAWENHUA JIAOLIU

作　　者 / 范佳佳

责任编辑 / 富翔强　　　　　　　　　　封面设计 / 陈　姝

出版发行 / 北方文艺出版社　　　　　　邮　　编 / 150008

发行电话 / （0451）86825533　　　　　经　　销 / 新华书店

地　　址 / 哈尔滨市南岗区宣庆小区 1 号楼　网　　址 / www.bfwy.com

印　　刷 / 三河市中晟雅豪印务有限公司　开　　本 / 710毫米 × 1000毫米　1/16

字　　数 / 205千　　　　　　　　　　印　　张 / 14.5

版　　次 / 2024 年 12 月第 1 版　　　　印　　次 / 2024 年 12 月第 1 次印刷

书　　号 / ISBN 978-7-5317-6505-9　　定　　价 / 69.80 元

前　言

在全球化的浪潮中，国际汉语教育正经历着前所未有的发展与挑战。随着中国在世界舞台上影响力的不断增强，汉语作为第二语言的学习需求持续攀升。然而，语言学习不仅仅是掌握语音、词汇和语法，更重要的是理解和融入目标语言的文化。本书《国际汉语教育中的文化融入与跨文化交流》正是基于这一认知，旨在探讨如何在国际汉语教育中有效地融入中国文化，促进跨文化交流。

本书分为六章，全面系统地阐述了文化融入与跨文化交流在国际汉语教育中的重要性、理论基础、实践策略以及未来发展方向。我们首先探讨了文化融入的定义、意义以及相关理论，为后续章节奠定了坚实的理论基础。随后，我们深入分析了国际汉语教育中文化教学的具体实践，包括教师角色、教材设计、教学策略等方面。

在跨文化交流方面，本书详细探讨了教学过程中可能遇到的挑战及其应对策略，为教育工作者提供了宝贵的参考。我们还特别关注了文化传播的创新方式，尤其是数字媒体在这一过程中的作用，以适应当今快速变化的教育环境。

本书的后半部分聚焦于教学实践中的文化融入，提供了丰富的教学设计案例和评估方法，旨在帮助教育者更好地将文化元素融入日常教学中。最后，我们展望了国际汉语教育的未来发展趋势，探讨了文化融入与技术创新的结合，以及全球化背景下的文化适应策略。

作为编者，我们深知国际汉语教育是一个不断发展的领域，面临着诸多挑战和机遇。本书汇集了国内外专家学者的研究成果和实践经验，希望能为国际汉语教育工作者提供理论指导和实践参考，推动文化融入和跨文化交流在汉语教学中的深入发展。

我们衷心希望本书能为国际汉语教育的研究者、教育工作者以及学习者提供有益的启示和指导，促进中国文化的传播和国际的文化交流。同时，我们也期待读者能够基于自身的教学实践，对本书提出宝贵的意见和建议，共同推动国际汉语教育事业的蓬勃发展。

作者

2024 年 6 月

目 录

第一章 文化融入与跨文化交流的理论基础

第一节 文化融入的定义与意义

文化融入是一个复杂而动态的过程，它涉及个人或群体在新的文化环境中适应和融合的过程。这个概念源于社会学和人类学研究，但在当代全球化背景下，已经成为国际教育、跨文化交际等领域的核心议题之一。

一、文化融入的定义

（一）多维度解读

文化融入不仅仅是简单的文化适应，而是一个多层次、多维度的过程。它包括了语言习得、行为调整、价值观重塑等多个方面。在国际汉语教育中，文化融入意味着学习者不仅要掌握汉语语言知识，还要深入理解中国文化的内涵，并能在日常生活和交际中自如运用。这个过程需要学习者具备开放的心态，主动接纳新的文化元素，同时保持自身文化认同的平衡。

文化融入的定义还涉及心理层面的变化。学习者在接触新文化时，往往会经历一系列情感波动，如兴奋、困惑、沮丧等。这种心理变化是文化融入过程中不可或缺的一部分。成功的文化融入意味着学习者能够在心理上接受并欣赏新的文化环境，减少文化冲突带来的负面影响，最终达到文化认同和文化共情的状态。

从社会学角度来看，文化融入还包含了社会参与和身份认同的重构。对于国际汉语学习者来说，这意味着他们不仅要学会用汉语进行日常交流，还要理解并参与到中国社会的各种活动中去。比如，了解中国的社交礼仪，参与传统节日庆祝，甚至尝试融入当地社区生活。这种深层次的参与有助于学习者建立新的文化身份，在保持原有文化特征的同时，也能自如地在中国文化环境中生活和工作。

（二）动态过程分析

文化融入是一个持续的、动态的过程，而非一蹴而就的结果。这个过程可以被划分为几个阶段：初始接触期、适应期、整合期和双文化期。在初始接触期，学习者对新文化充满好奇和兴趣，但也可能感到困惑和不适应。适应期是一个关键阶段，学习者开始调整自己的行为和思维方式，以适应新的文化环境。整合期则是学习者开始将新文化元素融入自身文化体系的阶段。最后的双文化期，学习者能够自如地在两种文化中切换，并从中获得独特的文化视角。

在这个动态过程中，学习者的文化认知和文化能力会不断发展和提升。文化认知包括对目标文化的了解和理解，而文化能力则是在跨文化情境中有效沟通和互动的能力。这两者相辅相成，共同推动文化融入的进程。例如，一个国际汉语学习者在学习过程中，可能从最初只能理解简单的中国礼仪，到后来能够深入理解中国人的思维方式和价值观念，最终能够在复杂的文化情境中灵活应对。

文化融入的动态性还体现在它是一个双向互动的过程。不仅是学习者在适应新文化，新文化环境中的人们也在适应和接纳来自不同文化背景的学习者。这种双向互动促进了文化交流和文化创新，为国际汉语教育带来了新的机遇和挑战。教育工作者需要认识到这一点，在教学过程中不仅要帮助学习者适应中国文化，还要培养他们的跨文化交流能力，使他们能够在文化交流中发挥积极作用。

（三）跨学科视角

文化融入的定义还需要从跨学科的视角来理解。语言学、心理学、社会学、人类学等多个学科的理论和研究方法都为我们理解文化融入提供了重要视角。语言学的研究告诉我们，语言和文化是密不可分的，语言学习必然伴随着文化学习。心理学研究则帮助我们理解文化融入过程中的心理变化和适应机制。社会学的视角让我们看到文化融入如何影响社会结构和群体关系。人类学的研究方法，如参与式观察，为我们提供了深入理解文化融入过程的工具。

在国际汉语教育中，这种跨学科的视角尤为重要。它要求教育者不仅关注语言教学，还要注重文化教育、心理辅导、社会适应等多个方面。例如，在设计教学活动时，可以结合语言学习和文化体验，让学生在实践中感受中国文化。同时，可以引入心理学的概念，帮助学生应对文化冲击和适应压力。还可以利用社会学的理论，帮助学生理解中国社会的结构和运作方式。

跨学科视角还提醒我们，文化融入是一个复杂的系统性过程，需要多方面的支持和干预。在国际汉语教育中，这意味着不仅要关注课堂教学，还要注重课外活动、社区参与、跨文化交流等多种形式的学习和体验。同时，也需要考虑学习者的个体差异，如性格特征、学习风格、文化背景等，制定个性化的文化融入策略。

二、文化融入的意义

（一）个人发展层面

文化融入对个人发展具有深远的意义。它不仅能够提升个人的语言能力和文化素养，还能培养全球化视野。在国际汉语教育中，成功的文化融入能够帮助学习者更好地理解和欣赏中国文化，增强他们在中国社会中的适应能力和竞争力。这种能力不仅限于在中国生活和工作，还能够在全球化的背景下，为个人的职业发展和人生规划提供更多机会。

文化融入过程中，学习者会经历认知重构和思维方式的转变。这种转变能够帮助他们跳出固有的思维框架，以更开放、包容的态度看待世界。例如，一个来自西方国家的学习者，通过深入学习中国文化，可能会对集体主义和关系网络有新的理解，这种理解不仅有助于他们在中国社会中更好地生存，还能够丰富他们的世界观和价值观。

此外，文化融入还能够提升个人的适应能力和心理弹性。在面对文化差异和冲突时，经历过文化融入的个人往往能够表现出更强的适应能力和更高的心理承受力。他们能够更好地理解和尊重不同文化背景的人，在跨文化交流中表现出更高的敏感度和灵活性。这种能力在当今全球化的世界中显得尤为重要，它能够帮助个人在复杂多变的国际环境中游刃有余。

（二）教育发展层面

在国际汉语教育的发展中，文化融入具有重要的意义。它改变了传统的语言教学模式，将文化教育作为语言教育的有机组成部分。这种教育理念不仅能够提高学习者的语言能力，还能培养他们的文化素养和跨文化交际能力。通过将文化元素融入语言教学，国际汉语教育能够为学习者提供更丰富、更有意义的学习体验。

文化融入还推动了国际汉语教育方法和内容的创新。教育者需要开发新的教学材料，设计新的教学活动，以更好地将语言学习和文化学习结合起来。例如，可以通过情境教学、文化体验活动、跨文化对话等方式，让学习者在实践中感受和理解中国文化。这种创新不仅提高了教学效果，还增强了学习者的学习兴趣和动力。

从更广泛的角度来看，文化融入对国际教育交流和合作也具有重要意义。它促进了不同文化背景的学生、教师和机构之间的交流与合作，为国际教育带来了新的机遇和挑战。通过文化融入，国际汉语教育不仅输出中国语言和文化，还能吸收和借鉴其他文化的优秀元素，实现教育的双向互动和共同发展。

（三）社会发展层面

文化融入对社会发展也有深远的影响。在全球化背景下，文化融入促进了不同文化之间的交流和理解，有助于减少文化偏见和歧视，促进社会和谐。对于接收国际学生的社会来说，文化融入有助于增加社会的多样性和包容性，为社会发展注入新的活力。

在中国语言文化走出去的战略中，文化融入显得尤为重要。通过国际汉语教育中的文化融入，可以让更多人了解和欣赏中国文化，增进国际社会对中国的理解和友好。这不仅有利于中国的国际形象塑造，也为中国与世界各国的交流与合作创造了良好的基础。

文化融入还能够促进社会创新和文化创新。不同文化背景的人在交流和融合过程中，往往能够产生新的思想和创意。这种创新不仅体现在文化艺术领域，还可能延伸到科技、商业等各个领域。例如，在国际汉语教育中，来自不同国家的学习者可能会为汉语教学带来新的视角和方法，推动教育创新。

三、文化融入在国际汉语教育中的应用

（一）课程设置与教学设计

在国际汉语教育中，文化融入理念的应用首先体现在课程设置和教学设计上。传统的语言教学往往将语言知识和文化知识割裂开来，而文化融入理念要求将二者有机结合。在课程设置上，除了语言课程，还应该增加文化课程，如中国历史、艺术、哲学等。更重要的是，在语言课程中也要融入文化元素，让学生在学习语言的同时，自然而然地接触和理解中国文化。

例如，在词汇教学中，可以介绍词语背后的文化内涵。比如教授数字的时候，可以讲解中国人对某些数字的文化理解，如数字4的忌讳和数字8的偏好。在语法教学中，可以结合中国人的思维方式来解释某些语法现象，如中国语言中普遍存在的意合特征。在阅读教学中，可以选择具有典型中国文化特色的文本，如古诗词、成语故事等，让学生在提高阅读能力的同时，也能深入了解中国文化。

教学设计也应该体现文化融入的理念。可以设计一些文化体验活动，如茶艺、书法、剪纸等，让学生在实践中感受中国文化的魅力。还可以组织一些文化对比讨论，让学生比较中国文化和自身文化的异同，培养跨文化思维。此外，还可以利用现代技术，如虚拟现实技术，为学生创造沉浸式的文化体验环境。

（二）教材编写与资源开发

文化融入理念对教材编写和教学资源开发提出了新的要求。传统的语言教材往往以语言知识点为中心，文化内容相对薄弱。而新型教材应该将文化元素有机地融入语言学习中。例如，可以以文化主题组织单元，如中国节日、中国饮食、中国家庭等，在这些主题下安排相关的语言知识和技能训练。

教材中的文本选择也应该注重文化代表性和时代性。既要包括反映中国传

统文化的经典文本，也要包括反映当代中国社会生活的现代文本。例如，可以选择一些流行歌曲、网络用语、热门电视剧对白等，让学生了解鲜活的当代中国文化。同时，教材还应该包含一些跨文化对比的内容，帮助学生建立文化意识，培养跨文化思维。

除了纸质教材，还应该开发丰富的多媒体教学资源。例如，可以制作一些文化主题的短视频，展示中国的风土人情、传统习俗等。还可以开发一些互动性强的数字化学习资源，如文化主题的学习 APP、VR 文化体验等。这些多样化的教学资源不仅能够增强学习的趣味性，还能为学生提供更加丰富和直观的文化体验。

在资源开发过程中，还应注意文化的多样性和包容性。中国是一个多民族国家，有着丰富多彩的地域文化。因此，教学资源应该涵盖不同地域、不同民族的文化特色，让学生对中国文化有更全面的认识。同时，也要注意避免文化刻板印象，呈现真实、立体的中国文化形象。

（三）教师培训与能力提升

文化融入理念的实施，对教师提出了更高的要求。国际汉语教师不仅需要具备扎实的语言知识和教学技能，还要有深厚的文化素养和跨文化交际能力。因此，教师培训应该将文化融入作为重要内容，帮助教师提升文化教学能力。

在教师培训中，可以设置专门的文化课程，系统介绍中国文化的各个方面，如历史、哲学、艺术、民俗等。同时，还应该培养教师的跨文化意识和能力，让他们能够站在跨文化的角度来理解和传播中国文化。例如，可以组织教师参与跨文化交流活动，或者安排他们到不同文化背景的国家进行短期访学，增加跨文化经验。

此外，还应该培训教师如何将文化元素有机地融入语言教学中。可以通过案例分析、教学设计练习等方式，让教师掌握文化融入的具体方法和技巧。同时，还要培养教师的资源开发能力，让他们能够根据教学需求，自主开发或选择适合的文化教学资源。

教师还需要具备文化反思和批判性思维能力。他们应该能够客观、理性地看待文化差异，避免文化偏见。在教学中，既要传播中国文化，也要尊重学生的文化背景，促进文化对话和交流。这就要求教师具有开放的心态和包容的态度，能够在文化传播中实现双向交流和互学互鉴。

第二节 跨文化交际理论与实践

跨文化交际是国际汉语教育中不可或缺的一部分。它不仅是语言学习的目标，也是文化融入的重要途径。理解跨文化交际的理论基础，并将其应用于教学实践，对于提高国际汉语教育的效果至关重要。

一、跨文化交际的理论基础

（一）文化模式理论

文化模式理论是理解跨文化交际的重要基础。这一理论认为，每个文化都有其特定的思维模式和行为模式，这些模式影响着该文化成员的认知、情感和行为。在跨文化交际中，不同文化模式的碰撞往往会导致误解和冲突。因此，了解不同文化的模式特征，对于成功的跨文化交际至关重要。

以中国文化和西方文化为例，两者在很多方面存在显著差异。中国文化强调集体主义、关系导向、含蓄表达，而西方文化则更看重个人主义、任务导向、直接表达。这些差异在语言使用、社交礼仪、价值观念等方面都有所体现。例如，在表达拒绝时，中国人可能会采用婉转的方式，而西方人则可能更直接。了解这些差异，有助于学习者在跨文化交际中做出恰当的行为选择。

文化模式理论还强调，文化模式不是静态的，而是在不断变化的。特别是在全球化背景下，不同文化之间的交流日益频繁，文化模式也在相互影响和融合。因此，在国际汉语教育中，不仅要介绍传统的中国文化模式，还要关注当代中国文化的新变化，帮助学习者形成动态的文化理解。

（二）文化适应理论

文化适应理论关注个体在新文化环境中的心理和行为变化过程。这一理论指出，当个体进入新的文化环境时，通常会经历四个阶段：蜜月期、文化冲击期、调适期和适应期。在蜜月期，个体对新文化充满好奇和兴趣；进入文化冲击期后，个体开始感受到文化差异带来的压力和困惑；在调适期，个体开始学习新的文化规则，调整自己的行为；最后在适应期，个体能够自如地在新文化环境中生活和工作。

理解文化适应理论对国际汉语教育有重要意义。首先，它有助于教育者理解学习者在不同阶段的心理状态和行为表现，从而提供针对性的支持和指导。例如，在文化冲击期，可以通过心理辅导、同伴支持等方式帮助学习者克服困难。其次，这一理论也为课程设置和教学内容安排提供了参考。可以根据学习者的适应阶段，设计相应的文化学习内容和活动。

文化适应理论还强调，文化适应是一个长期的、动态的过程，不同个体的适应速度和程度可能存在差异。因此，在国际汉语教育中，需要采取个性化的教学策略，关注每个学习者的个体差异和需求。同时，也要培养学习者的文化适应能力，使他们能够自主地进行文化学习和调适。

（三）交际能力理论

交际能力理论强调，成功的跨文化交际不仅需要语言能力，还需要社会文化能力、语用能力、策略能力等多方面能力的综合运用。这一理论为国际汉语教育提供了全面的能力培养框架。

语言能力是跨文化交际的基础，包括语音、词汇、语法等方面的知识和运用能力。在国际汉语教育中，除了传统的语言知识教学，还应该注重语言的实际运用能力培养。例如，可以通过情境对话、角色扮演等方式，让学习者在真实的交际环境中练习语言使用。

社会文化能力指的是理解和使用特定文化背景下的社会规则和文化知识的能力。这包括对中国社会结构、价值观念、行为规范等的了解和应用。在教学中，可以通过案例分析、文化对比等方式，帮助学习者建立社会文化意识，并学会在不同场合下恰当地表达和行动。

语用能力是在特定语境中恰当使用语言的能力。这涉及语言使用的得体性、礼貌原则、言外之意的理解等。在汉语教学中，需要特别注意培养学习者的语用能力，因为中国文化中的语用规则往往比较含蓄，需要深入理解才能把握。可以通过分析真实对话、讨论交际失误案例等方式，提高学习者的语用意识和能力。

策略能力是指在交际中灵活运用各种策略来达成交际目的的能力。这包括语言策略（如改述、例证）和非语言策略（如手势、表情）。培养策略能力可以帮助学习者在面对交际障碍时找到解决方法，提高交际的效率和效果。在教学中，可以通过设置交际任务，让学习者在实践中学习和运用各种交际策略。

二、跨文化交际在国际汉语教育中的应用

（一）课堂教学中的跨文化交际实践

将跨文化交际理论应用到课堂教学中，可以大大提高国际汉语教育的效果。首先，可以设计一些跨文化交际情境，让学习者在模拟的环境中练习语言使用和文化理解。例如，可以设置中国人和外国人之间的对话场景，如在餐厅点餐、在商场购物、在公司开会等，让学习者扮演不同角色进行对话练习。这种方法不仅可以提高学习者的语言能力，还能培养他们的文化敏感性和应变能力。

其次，可以引入一些跨文化对比分析的活动。例如，可以选择一些中国文化和学习者母国文化中的相似主题，如节日庆祝、家庭关系、教育理念等，让学习者比较两种文化的异同。这种对比分析可以帮助学习者更深入地理解中国文化，同时也能促进他们对自身文化的反思，培养跨文化思维。

此外，还可以利用多媒体技术，为学习者创造虚拟的跨文化交际环境。例如，可以使用虚拟现实技术，让学习者"身临其境"地体验中国的文化场景，如参观中国的名胜古迹、体验中国的传统节日等。这种沉浸式的学习体验可以激发学习者的兴趣，增强文化理解的直观性和生动性。

在课堂教学中，还应该注重培养学习者的文化同理心和批判性思维。可以通过讨论一些跨文化误解或冲突的案例，让学习者站在不同文化的角度思考问题，理解文化差异产生的原因。同时，也要鼓励学习者对文化现象进行理性分析和评价，避免简单化的文化判断或刻板印象。

（二）课外活动中的跨文化交际实践

课外活动为跨文化交际实践提供了更广阔的空间。可以组织一些文化体验活动，如参观博物馆、参加文化讲座、参加传统节日庆祝等，让学习者在真实的文化环境中进行观察和体验。这些活动不仅可以增进学习者对中国文化的了解，还能为他们提供与中国人直接交流的机会，提高实际交际能力。

另一种有效的方式是组织"语言伙伴"项目，将汉语学习者与中国学生配对，进行定期的语言和文化交流。这种一对一的交流可以帮助学习者建立更深入的文化理解，同时也能提供个性化的语言学习机会。在交流过程中，双方都能从对方那里学到新的知识和视角，实现互学互鉴。

还可以组织一些跨文化主题的社团活动，如中国电影俱乐部、中国美食烹饪班、中国传统艺术工作坊等。这些活动不仅能够增加学习者的文化知识，还能培养他们的兴趣和热情，促进长期的文化学习。通过这些活动，学习者还能结识志同道合的朋友，形成一个支持性的学习社群。

对于高级水平的学习者，可以鼓励他们参与一些实际的跨文化项目，如协助组织中国文化展览、参与中外文化交流活动的策划等。这种实践不仅能够锻炼学习者的语言能力和组织能力，还能培养他们的文化自信和跨文化领导力。

（三）线上平台中的跨文化交际实践

随着信息技术的发展，线上平台为跨文化交际实践提供了新的可能性。可以利用社交媒体、在线论坛、视频会议等工具，为学习者创造虚拟的跨文化交流空间。例如，可以建立一个专门的在线社区，让来自不同国家的汉语学习者和中国学生进行交流讨论。这种跨文化在线社区不仅可以突破地理限制，还能为学习者提供更多元的文化视角。

线上平台还可以用于开展一些创新的跨文化项目。例如，可以组织在线文化展示活动，让学习者通过视频、照片、文字等方式展示自己对中国文化的理解和体验。还可以开展在线跨文化协作项目，让不同国家的学习者合作完成一些文化主题的研究或创作。

此外，还可以利用人工智能技术，开发一些智能化的跨文化交际学习工具。例如，可以设计一个虚拟的跨文化交际助手，能够根据学习者的文化背景和学习需求，提供个性化的交际指导和文化解释。这种智能工具可以为学习者提供即时的跨文化学习支持。

三、跨文化交际能力的评估与反馈

（一）评估方法的多元化

跨文化交际能力的评估需要采用多元化的方法，以全面反映学习者的能力水平。传统的书面测试虽然可以评估学习者的语言知识和文化知识，但难以全面衡量其实际的交际能力。因此，需要结合多种评估方法，如口头表达、角色扮演、案例分析、项目完成等。例如，可以设计一些模拟的跨文化交际情境，让学习者在其中进行表现，评估者通过观察和分析来评判学习者的表现。这种方法可以更真实地反映学习者在实际交际中的能力水平。

（二）评估标准的制定

制定科学、合理的评估标准是确保评估有效性的关键。跨文化交际能力的评估标准应该包括多个维度，如语言能力、文化知识、交际策略、文化适应能力、跨文化态度等。在语言能力方面，不仅要评估学习者的语音、词汇、语法等基本能力，还要关注其在跨文化情境中的语言运用能力，如得体性、灵活性等。文化知识的评估不应局限于对文化事实的记忆，更要关注学习者对文化现象的理解和解释能力。交际策略的评估可以包括学习者在面对交际障碍时的应对能力，以及在不同文化情境下选择恰当交际方式的能力。文化适应能力的评估可以关注学习者在新文化环境中的情感调节、行为调整等方面的表现。跨文化态度的评估则可以包括开放性、包容性、文化敏感性等方面。在制定评估标准时，还应该考虑到学习者的不同水平和学习阶段，设置阶梯式的评估目标。例如，初级阶段可以更多关注基本的语言能力和文化知识，而高级阶段则可以更多关注复杂情境下的交际能力和文化批判能力。此外，评估标准的制定还应该考虑到不同文化背景学习者的特点，避免文化偏见。

（三）评估结果的反馈与应用

评估的目的不仅是为了给学习者一个成绩，更重要的是通过评估促进学习和教学的改进。因此，评估结果的反馈与应用至关重要。在反馈过程中，应该采用积极、建设性的方式，不仅指出学习者的不足，更要肯定其进步和优点，激发学习动力。反馈内容应该具体、明确，针对学习者的表现给出具体的改进建议。例如，如果发现学习者在某些文化情境下的表达不够得体，可以具体解释原因，并提供更恰当的表达方式。反馈方式可以多样化，包括书面报告、面对面讨论、小组分享等，以满足不同学习者的需求。此外，还可以鼓励学习者对评估结果进行自我反思，制订个人的学习计划。在应用方面，评估结果应该用于指导后续的教学设计和课程调整。例如，如果发现多数学习者在某些跨文化交际能力方面表现欠佳，可以在课程中增加相关的训练内容。评估结果还可以用于学习者的个性化指导，根据每个学习者的优势和不足，提供针对性的学习建议和资源推荐。从长远来看，评估结果的累积分析可以为国际汉语教育的整体改进提供重要参考，帮助教育机构优化课程设置、调整教学策略、完善师资培训等。

基于当前我国经济社会不断发展的背景之下，世界上的各个国家也逐渐认识到国际汉语教育的重要性。同时这也在一定程度上提升了世界各国国际汉语教师的社会地位。我国汉语教师也逐渐走出国门，在世界各领域开设国际课堂。同时这也具有明确的目的性，就是促进中国文化"走出去"，拓宽我国文化的传播途径。但是这在一定程度上也为我国汉语教育工作者带来了一定的影响和挑战，这是因为他们会脱离原有的生活环境，走进异国境内，受到异国文化的长期影响，可能就会导致跨文化国际汉语教育的失误，在这个过程中，如何利用新媒体技术提升我国汉语教育工作人员的专业素养，已经成了相关的预工作者最值得思考与重视的问题。

第三节 文化融合与文化冲突：理论与案例分析

文化融合和文化冲突是跨文化交际中的两个重要现象，深刻影响着国际汉语教育的实践。理解这两种现象的理论基础，分析相关案例，对于提高国际汉语教育的效果具有重要意义。

一、文化融合理论

（一）文化融合的定义与特征

文化融合是指不同文化在接触过程中相互影响、相互渗透，最终形成新的文化形态的过程。这个过程具有多个特征：首先，文化融合是一个渐进的、长期的过程，不是一蹴而就的。它需要时间来消化和整合不同的文化元素。其次，文化融合是双向的，不同文化之间相互影响，而不是单方面的同化。在这个过程中，各种文化都可能发生变化，但同时也保留自己的核心特征。再次，文化融合是创新的过程，它不仅仅是文化元素的简单叠加，而是通过创造性的整合，产生新的文化形态。最后，文化融合是动态的、持续的过程，即使形成了新的文化形态，它仍然会继续发展变化。在国际汉语教育中，文化融合表现为学习者在学习中国语言和文化的过程中，既吸收中国文化元素，又保留自身文化特色，最终形成一种兼具多元文化特征的新的文化认同。这种融合不仅体现在语言使用上，还体现在思维方式、行为习惯、价值观念等方面。理解文化融合的特征，有助于教育者更好地指导学习者在跨文化学习中实现文化的创造性整合。

（二）文化融合的模式

文化融合可以采取不同的模式，主要包括同化、整合、边缘化和分离。同化模式指的是个体或群体完全放弃原有文化，全盘接受新文化。这种模式虽然可以快速适应新环境，但可能导致文化认同危机。整合模式是指在保持原有文化特征的同时，积极接纳新文化元素，实现文化的创造性融合。这被认为是最理想的文化融合模式，因为它既保持了文化多样性，又促进了文化创新。边缘化模式指的是既无法保持原有文化，又无法融入新文化，导致文化认同的缺失。分离模式则是完全拒绝新文化，固守原有文化，这可能导致文化隔离和冲突。在国际汉语教育中，应该鼓励学习者采取整合模式，既学习和欣赏中国文化，又保持自身文化特色，实现文化的创造性融合。这需要教育者采取灵活的教学策略，既传授中国文化知识，又尊重和欣赏学习者的文化背景，创造开放、包容的学习环境。同时，还要帮助学习者建立文化自信，避免文化自卑或文化优越感，形成平等、互惠的文化态度。在实践中，可以通过文化对比、跨文化对话、多元文化项目等方式，促进学习者实现文化的创造性整合。

（三）文化融合的影响因素

文化融合受到多种因素的影响，包括个体因素、环境因素和文化因素。个体因素包括年龄、性格、教育背景、语言能力等。例如，年轻人通常比老年人更容易接受新文化；开放、灵活的性格更有利于文化融合；较高的教育水平和语言能力也能促进文化融合。环境因素包括社会环境、政策环境等。开放、包容的社会环境更有利于文化融合；支持多元文化的政策也能促进文化融合。文化因素包括文化距离、文化价值观等。文化距离较近的文化之间更容易实现融合；价值观相近的文化也更容易相互接纳。在国际汉语教育中，需要充分考虑这些影响因素。例如，可以根据学习者的年龄和性格特点，采取不同的文化教学策略；可以创造开放、包容的学习环境，鼓励文化交流和融合；可以通过文化对比，帮助学习者理解中国文化与自身文化的异同，促进文化理解和融合。此外，还要注意文化融合是一个长期的过程，需要持续的支持和引导。可以通过长期的文化交流项目、跨文化能力培训等方式，持续促进文化融合。同时，也要尊重个体差异，允许不同学习者以不同的速度和方式实现文化融合。

二、文化冲突理论

（一）文化冲突的定义与类型

文化冲突是指不同文化在接触过程中，由于价值观念、行为方式、思维模式等方面的差异而产生的矛盾和冲突。文化冲突可以分为多种类型，包括价值观冲突、行为规范冲突、沟通方式冲突等。价值观冲突是最深层次的文化冲突，涉及对是非、善恶、美丑等基本问题的判断。例如，中国文化强调集体主义，而西方文化更重视个人主义，这种价值观差异可能导致在决策、行为选择等方面的冲突。行为规范冲突涉及日常生活中的礼仪、习惯等方面。比如，在餐桌礼仪上，中国人习惯使用筷子，而西方人习惯使用刀叉，这种差异可能导致不适应或误解。沟通方式冲突则涉及语言使用、非语言行为等方面。例如，中国人倾向于含蓄表达，而西方人更喜欢直接表达，这种差异可能导致沟通障碍。在国际汉语教育中，理解这些文化冲突类型，有助于预防和解决跨文化交际中的问题。教育者可以针对不同类型的文化冲突，设计相应的教学内容和活动，帮助学习者提高跨文化意识和应对能力。同时，也要认识到文化冲突不一定是负面的，它也可能成为促进文化理解和创新的契机。

（二）文化冲突的原因分析

文化冲突的产生有多重原因，包括认知差异、价值观差异、行为模式差异等。认知差异源于不同文化对世界的不同理解和解释方式。例如，中国文化倾向于整体性、辩证性思维，而西方文化更强调分析性、线性思维，这种认知方式的差异可能导致对同一现象产生不同理解。价值观差异体现在对事物重要性的不同判断上。比如，中国文化重视和谐，而西方文化更看重个人权利，这种价值观差异可能导致在处理人际关系时产生冲突。行为模式差异则表现在日常生活的各个方面，如社交礼仪、时间观念、工作方式等。例如，中国人习惯在社交场合询问年龄、婚姻状况等个人信息，而在西方文化中这可能被视为冒犯。此外，文化冲突还可能源于历史因素、政治因素、经济因素等。在国际汉语教育中，需要深入分析这些文化冲突的原因，帮助学习者理解文化差异的根源，培养文化同理心。可以通过案例分析、角色扮演等方式，让学习者体验和理解不同文化背景下的思维和行为方式。同时，也要引导学习者反思自身文化，避免文化中心主义，培养开放、包容的跨文化态度。

（三）文化冲突的影响与应对

文化冲突可能产生多方面的影响，包括心理层面、行为层面和社会层面。在心理层面，文化冲突可能导致焦虑、沮丧、疏离感等负面情绪，严重时可能引发文化休克。在行为层面，文化冲突可能导致交际障碍、行为失当等问题，影响个人在跨文化环境中的适应和发展。在社会层面，文化冲突可能引发群体间的误解和偏见，甚至导致社会矛盾。然而，文化冲突也可能带来积极影响，如促进文化反思、激发创新思维等。面对文化冲突，需要采取积极的应对策略。首先，要提高文化意识，认识到文化差异的存在和影响。其次，要培养文化同理心，学会站在他人的文化立场理解问题。再次，要发展跨文化交际能力，包括语言能力、非语言交际能力、文化适应能力等。此外，还要学会灵活运用交际策略，如改述、澄清、妥协等，以化解可能的文化冲突。在国际汉语教育中，可以通过以下方式帮助学习者应对文化冲突：首先，设计文化冲突案例分析活动，让学习者讨论和分析真实的文化冲突事件，提高其文化意识和分析能力。其次，开展跨文化模拟训练，让学习者在模拟的跨文化情境中体验和应对文化冲突，提高其实际应对能力。再次，组织跨文化对话活动，邀请不同文化背景的人士进行深入交流，促进相互理解和包容。最后，鼓励学习者记录和反思自己的跨文化经历，总结经验教训，不断提高跨文化能力。

在应对文化冲突的过程中，还需要注意培养学习者的文化智能。文化智能包括认知、情感和行为三个维度。认知维度指对不同文化知识的了解和理解；情感维度指对文化差异的接纳和适应能力；行为维度则指在跨文化情境中恰当行动的能力。培养文化智能可以帮助学习者更好地预防和解决文化冲突。例如，可以通过系统的文化知识学习，提高学习者的文化认知能力；通过文化体验活动，培养其对不同文化的情感认同；通过实践性的跨文化项目，提升其跨文化行为能力。同时，还要培养学习者的批判性文化意识，即在理解和尊重不同文化的同时，也能对文化现象进行理性分析和评价，避免盲目接受或排斥。

此外，在应对文化冲突时，还需要考虑到全球化背景下文化的动态变化。随着全球化的深入，文化之间的界限日益模糊，文化融合和创新不断发生。这就要求我们在处理文化冲突时，要有动态的、发展的眼光。例如，在讨论中国文化和其他文化的差异时，不仅要介绍传统文化，还要关注当代中国文化的新变化。同时，也要认识到，每种文化内部都存在多样性和差异性，避免过于简单化或刻板化的文化理解。在教学中，可以引导学习者关注文化的变迁过程，分析全球化对不同文化的影响，探讨文化创新的可能性。这种动态的文化观可以帮助学习者更好地理解和应对复杂的跨文化情境，减少文化冲突，促进文化融合。

三、案例分析

（一）文化融合案例

案例一：汉语学习者的文化身份重构

来自美国的莎拉是一名在中国学习汉语已有两年的留学生。起初，她对中国文化充满好奇，但也经常感到困惑和不适应。例如，她不理解为什么中国人总是问她的年龄和婚姻状况，觉得这侵犯了个人隐私。然而，随着她的汉语水平提高和对中国文化的深入了解，她开始理解这种行为背后的文化含义——中国人通过询问这些信息来表示关心和建立关系。莎拉逐渐学会了在中国的社交场合自如地应对这类问题，同时也保留了自己对隐私的看重。在饮食方面，莎拉原本不习惯使用筷子和分餐制，但现在她不仅能熟练使用筷子，还喜欢上了许多中国菜。她甚至开始在家中尝试烹饪中国菜，并邀请中国朋友来家里聚餐。在价值观方面，莎拉原本很强调个人主义，但通过在中国的生活和学习，她开始理解并欣赏中国文化中的集体主义价值观。她学会了在个人利益和集体利益之间寻找平衡，这种思维方式也影响了她对自己国家一些社会问题的看法。莎拉的经历展示了文化融合的过程：她既保留了自己的文化特征，又吸收了中国文化的元素，形成了一种新的文化认同。

这个案例反映了文化融合的几个重要特征。首先，文化融合是一个渐进的过程。莎拉从最初的文化冲击到逐渐理解和接纳中国文化，经历了一个长期的适应过程。这提醒我们，在国际汉语教育中，要有耐心，给予学习者足够的时间来理解和内化新的文化元素。其次，文化融合是双向的。莎拉不仅学习了中国文化，也保留了自己文化中的积极因素，如对隐私的重视。这说明文化融合不是简单的文化同化，而是在不同文化之间寻找平衡和互补。在教学中，我们应该鼓励学习者保持文化自信，在学习新文化的同时也反思和珍视自身文化。第三，文化融合涉及多个层面，包括行为习惯（如使用筷子）、社交规则（如应对个人问题）、价值观念（如集体主义）等。这提示我们在文化教学中要全面覆盖这些层面，不能仅仅停留在表层文化的传授上。最后，文化融合可以带来创新。莎拉将中国菜引入自己的生活，并以新的视角看待社会问题，这体现了文化融合的创新性。在教学中，我们可以鼓励学生探索不同文化元素的创造性结合。

从教学角度来看，莎拉的案例为我们提供了几点启示。首先，我们应该创造丰富的文化体验机会，让学生能够深入接触和理解中国文化。例如，可以组织学生参与中国家庭的日常生活，体验中国的传统节日，参加各种文化活动等。其次，我们应该注重文化解释和反思。当学生遇到文化差异时，不应简单地告诉他们"中国人就是这样"，而应该解释背后的文化逻辑，并鼓励学生思考这种文化现象的优缺点。再次，我们应该培养学生的跨文化比较能力。可以设计一些对比分析的活动，让学生比较中国文化和自身文化在各个方面的异同，培养他们的文化洞察力。最后，我们应该鼓励学生进行文化创新。可以布置一些创意作业，如设计融合中西元素的艺术作品，创作反映跨文化经历的文学作品等，激发学生的创造性思维。通过这些方法，我们可以帮助学生像莎拉一样，实现积极、健康的文化融合。

案例二：中西餐饮文化的融合

近年来，中国和西方餐饮文化的融合日益明显，这不仅体现在菜品的创新上，也反映在用餐方式和餐饮理念的变化上。例如，在中国的一些大城市，出现了将中餐烹饪技巧与西方料理方法相结合的"新中式料理"。这种料理保留了中国菜的基本风味和烹饪理念，同时借鉴了西方的摆盘艺术和营养搭配理念，创造出既有中国特色又符合国际审美的新式菜品。在用餐方式上，传统的中式大桌分餐制正逐渐向西式的个人餐盘制靠拢，特别是在一些高档餐厅和国际化程度高的场合。这种变化既保留了中国人喜欢共享美食的传统，又兼顾了卫生和个人化需求。在餐饮理念上，中国传统的"食补"观念与西方的营养学理论相结合，产生了新的健康饮食理念。例如，一些餐厅开始提供标注了营养成分的中式菜品，或者根据中医理论和现代营养学原理设计的健康套餐。这种中西融合的餐饮文化不仅在中国流行，也在国际上受到欢迎。许多国际连锁餐厅在进入中国市场时，都会推出融合了中国元素的本土化菜单，如麦当劳的咸蛋黄鸡腿堡、星巴克的抹茶星冰乐等。

这个案例展示了文化融合的创新性和双向性。首先，中西餐饮文化的融合产生了新的文化形态，如"新中式料理"。这种创新不是简单的文化拼凑，而是在深入理解两种文化精髓的基础上进行的创造性重组。在国际汉语教育中，我们可以借鉴这种思路，鼓励学生创造性地结合中西文化元素，而不是简单地模仿或照搬。其次，这个案例显示文化融合是双向的。不仅中国餐饮文化在吸收西方元素，西方餐饮品牌也在适应和吸收中国文化。这提醒我们，在教学中要避免单向的文化输出，而应该强调文化交流的互动性。我们可以设计一些活动，让学生思考如何向外国人介绍中国文化，同时也思考如何将外国文化元素融入中国文化中。再次，这个案例反映了全球化背景下文化融合的普遍性。在教学中，我们可以引导学生关注身边的文化融合现象，培养他们观察和分析跨文化现象的能力。

从教学实践的角度来看，这个案例为我们提供了丰富的教学素材和灵感。首先，我们可以设计一些与餐饮文化相关的主题教学单元。例如，可以组织学生调研当地的中西融合餐厅，分析菜单设计、装修风格、服务方式等方面的文化融合特征。其次，我们可以开展一些创意性的课堂活动，如请学生设计一道融合中西元素的新菜品，并用汉语介绍其创意理念和制作方法。这不仅可以提高学生的汉语表达能力，也能培养他们的跨文化创新思维。再次，我们可以利用这个案例来讨论更广泛的文化议题，如全球化对传统文化的影响、文化创新与文化认同的关系等。通过这些讨论，帮助学生形成更深入、更全面的文化理解。最后，我们还可以组织一些实践性的文化体验活动，如中西融合烹饪课、跨文化美食节等，让学生在实践中体验文化融合的乐趣和挑战。通过这些多样化的教学活动，我们可以帮助学生更好地理解和实践文化融合。

案例三：跨国企业的文化管理

某跨国企业在中国设立分公司，面临着如何在中西方文化之间寻找平衡的挑战。这家企业采取了一系列措施来促进文化融合。首先，在人力资源管理方面，公司既聘用了本地员工，也从总部派遣了外籍管理人员。公司要求外籍管理人员学习汉语和中国文化，同时也为中国员工提供跨文化培训。在日常工作中，公司鼓励中外员工组成混合团队，促进文化交流和互相学习。其次，在管理风格上，公司尝试将西方的扁平化管理与中国的层级文化相结合。例如，在保留一定层级结构的同时，也建立了开放的沟通渠道，鼓励下级员工直接向上级提出建议。在决策过程中，公司既注重效率，也重视达成共识。再次，在企业文化建设方面，公司将西方的个人主义价值观与中国的集体主义价值观相融合。例如，公司既强调个人绩效和创新，也重视团队合作和和谐氛围。公司还定期组织文化活动，如中西节日庆祝、跨文化美食节等，增进员工之间的了解和认同。通过这些努力，公司建立了一种独特的跨文化企业文化，既保留了西方企业的核心价值观，又充分适应了中国的本土文化，从而在中国市场取得了成功。

这个案例展示了在组织层面进行文化融合的复杂性和策略性。首先，它强调了人员交流在文化融合中的重要性。通过混合团队和跨文化培训，公司创造了文化交流的平台，促进了相互理解和学习。在国际汉语教育中，我们也可以借鉴这种方法，如组织中外学生混合小组，开展跨文化主题项目等。其次，这个案例显示了在管理实践中寻找文化平衡的重要性。公司并没有简单地采用西方或中国的管理方式，而是尝试创造性地结合两种文化的优势。这提醒我们，在教学中不应将中西文化对立起来，而应该引导学生思考如何取长补短，创造新的文化实践。再次，这个案例强调了价值观融合的重要性。公司通过融合个人主义和集体主义价值观，创造了一种新的企业文化。在国际汉语教育中，我们也应该注重价值观层面的教育，帮助学生理解不同文化的价值观念，并思考如何在不同价值观之间寻找平衡。

从教学实践的角度来看，这个案例为我们提供了丰富的教学内容和方法。首先，我们可以设计一些模拟跨国企业运营的角色扮演活动。例如，可以让学生扮演不同文化背景的员工，模拟处理跨文化冲突的场景。这种活动可以帮助学生体验跨文化交际的挑战，提高他们的跨文化沟通能力。其次，我们可以组织一些案例分析的讨论。可以提供一些真实的跨国企业在中国运营的案例，让学生分析其中的文化融合策略，并提出自己的建议。这种讨论可以培养学生的跨文化思维和问题解决能力。再次，我们可以邀请一些在跨国企业工作的专业人士来举办讲座或座谈，让学生了解跨文化管理的实际情况。这种实践性的学习可以帮助学生将课堂知识与实际情况联系起来，提高学习的针对性和有效性。

此外，这个案例还启发我们关注商务汉语教学中的文化因素。在教授商务汉语时，我们不仅要注重语言技能的训练，还要加强商务文化的教育。例如，可以设计一些单元来介绍中国的商务礼仪、谈判风格、决策过程等，帮助学生理解中国商业文化的特点。同时，也要引导学生比较中西方商业文化的异同，培养他们在跨文化商务环境中的适应能力。我们还可以组织一些商务汉语的实践活动，如模拟商务谈判、企业参观等，让学生在实践中体验和应用所学的文化知识。通过这些多样化的教学活动，我们可以帮助学生更好地理解和应对跨文化商务环境中的挑战。

（二）文化冲突案例

案例一：教育理念的冲突

一位来自美国的汉语学习者约翰在中国的大学学习汉语。他发现中国的教育方式与他在美国经历的有很大不同，这导致了一系列的文化冲突。首先，在课堂互动方面，约翰习惯于在课堂上积极发言，提出质疑，甚至与教师辩论。然而，他发现在中国的课堂上，学生们通常保持安静，很少主动发言或质疑教师。当约翰尝试像在美国那样积极参与时，他感觉到同学们的不适和教师的不悦。其次，在学习方法上，约翰更喜欢通过讨论和实践来学习，而中国的教学方式更强调记忆和练习。约翰觉得这种方法枯燥乏味，难以集中注意力。再次，在师生关系方面，约翰习惯于与教师建立平等、友好的关系，但他发现在中国，师生之间存在明显的等级观念，学生对教师保持着一定的距离和敬畏。约翰尝试与教师建立更亲密的关系时，常常感到尴尬和不安。此外，在评价方式上，约翰更看重过程性评价和多元化评价，而中国的教育系统更依赖于期末考试这样的总结性评价。这使约翰感到压力很大，难以适应。这些文化差异导致约翰在学习过程中常常感到困惑和挫折，影响了他的学习效果和对中国教育的看法。

这个案例反映了教育理念和方法上的文化冲突，这在国际汉语教育中是一个常见的问题。首先，它揭示了课堂互动模式的文化差异。中国传统的"师道尊严"观念和"谦逊"美德与西方鼓励质疑和辩论的教育理念形成了鲜明对比。这提醒我们，在国际汉语教育中，需要重视培养学生的文化适应能力，同时也要反思如何在保持中国教育特色的同时，适当引入更加开放和互动的教学方式。其次，这个案例反映了学习方法上的文化差异。中国传统的"死记硬背"学习方法与西方强调批判性思维和实践的方法存在矛盾。这启示我们，在教学中需要采用多元化的教学方法，既保留中国传统教育的优点，如注重基础知识的积累，又引入更多互动性、实践性的学习活动，以满足不同学习风格的学生需求。

从教学实践的角度来看，这个案例为我们提供了几点启示。首先，我们需要在课程开始时就向学生介绍中国的教育文化，包括课堂规范、师生关系、学习方法等，帮助他们理解并适应中国的学习环境。其次，我们可以设计一些文化对比活动，让学生比较中西方教育文化的异同，分析各自的优缺点，培养他们的跨文化理解能力。再次，我们可以尝试采用混合式的教学方法，既保留一些传统的教学环节，如讲授和练习，又引入一些西方的教学方法，如小组讨论、项目式学习等，以满足不同文化背景学生的需求。此外，我们还需要注意培养教师的跨文化意识和能力，使他们能够灵活地应对不同文化背景学生的需求。例如，可以组织教师参加跨文化培训，学习如何在课堂上创造包容、开放的学习氛围，如何处理文化差异带来的冲突等。

最后，这个案例也提醒我们，文化冲突可能会对学生的学习动机和效果产生负面影响。因此，我们需要特别关注学生的情感体验，及时发现和解决他们在文化适应过程中遇到的问题。可以设立跨文化辅导员或建立同伴支持系统，为遇到文化冲突的学生提供及时的帮助和支持。通过这些措施，我们可以帮助像约翰这样的国际学生更好地适应中国的教育环境，同时也促进中国教育系统在国际化过程中的改革和创新。

案例二：人际交往中的文化冲突

玛丽亚是一位来自巴西的汉语学习者，她在中国生活和学习的过程中遇到了一系列人际交往方面的文化冲突。首先，在社交距离方面，玛丽亚习惯于热情拥抱和贴面礼，但她发现中国人在社交中保持较大的人际距离，不习惯身体接触。当她尝试以自己习惯的方式问候中国朋友时，常常让对方感到不适。其次，在交往方式上，玛丽亚习惯于直接表达自己的想法和情感，但她发现中国人更倾向于含蓄和委婉的表达方式。当她直接表达不满时，常常被认为是无礼或攻击性的。再次，在社交礼仪方面，玛丽亚不习惯中国的"请客"文化和"礼尚往来"的概念。她觉得中国人之间的人情往来太复杂，难以适应。此外，在交往深度方面，玛丽亚希望快速建立深厚的友谊，但她发现中国人在建立亲密关系时较为谨慎和缓慢。她感到难以真正融入中国的社交圈子。这些文化差异导致玛丽亚在人际交往中常常感到尴尬和挫折，影响了她在中国的社交生活质量。

　　这个案例反映了人际交往方面的文化冲突，这在跨文化交际中是一个普遍存在的问题。首先，它揭示了非语言交际行为的文化差异。不同文化对身体接触、个人空间等非语言行为的理解和接受程度存在显著差异。这提醒我们，在国际汉语教育中，除了语言知识的传授，还需要重视非语言交际行为的教学。其次，这个案例反映了交际风格的文化差异。直接 vs. 间接、显性 vs. 隐性等交际风格的差异可能导致严重的误解和冲突。这启示我们，在教学中需要培养学生的跨文化交际策略，使他们能够灵活地调整自己的交际方式。再次，这个案例还反映了社交规范和价值观的文化差异。"礼尚往来""关系网络"等中国特有的社交概念对外国人来说可能难以理解和接受。这提醒我们，在文化教学中需要深入解释这些概念的文化背景和社会功能。

　　从教学实践的角度来看，这个案例为我们提供了几点启示。首先，我们可以设计一些角色扮演活动，让学生模拟不同的跨文化交际场景，体验和应对可能出现的文化冲突。例如，可以设置"初次见面""请客"等场景，让学生尝试用中国的方式进行交际。其次，我们可以组织一些文化对比讨论，让学生比较中国和自己国家在人际交往方面的异同，分析背后的文化原因。这可以帮助学生建立文化敏感性，避免简单化的文化判断。再次，我们可以邀请一些在中国生活多年的外国人来分享他们的跨文化交际经验，为学生提供实际的参考和建议。

　　此外，这个案例还提醒我们注意培养学生的情感管理能力。跨文化交际中的挫折和误解可能导致负面情绪，影响学习动机和效果。因此，我们需要帮助学生建立积极的心态，培养他们的文化适应能力和心理弹性。可以设计一些文化适应策略的课程，教授学生如何应对文化冲击，如何调节跨文化交际中的情绪等。同时，也可以建立同伴支持系统，让学生互相分享经验，提供情感支持。

　　最后，这个案例也反映了文化学习的长期性和复杂性。人际交往方面的文化适应往往需要长期的实践和反思。因此，我们需要在整个教学过程中持续关注这方面的问题，

　　提供长期的指导和支持。可以鼓励学生记录自己的跨文化交际经历，定期

进行反思和总结。通过这些措施，我们可以帮助像玛丽亚这样的学生更好地适应中国的社交环境，提高他们的跨文化交际能力。

案例三：工作环境中的文化冲突

大卫是一位来自德国的商务汉语学习者，他在中国的一家合资企业工作，负责与中国客户和同事的沟通。在工作中，他遇到了许多文化冲突。首先，在工作节奏方面，大卫习惯于严格的时间管理和计划执行，但他发现中国同事更倾向于灵活机动的工作方式，常常临时改变计划或延长工作时间。这让大卫感到困惑和不适应。其次，在沟通方式上，大卫习惯于直接、明确的沟通，但他发现中国同事更喜欢含蓄、委婉的表达方式，尤其是在表达不同意见或负面反馈时。这导致大卫常常误解或错过重要信息。再次，在决策过程中，大卫习惯于快速、独立地决策，但他发现中国的决策过程通常更长，需要多方面的协商和达成共识。这让大卫感到效率低下。此外，在人际关系处理上，大卫注重工作中的专业关系，但他发现在中国，工作关系和私人关系常常交织在一起。例如，他不理解为什么要在下班后和同事或客户一起吃饭、喝酒。这些文化差异导致大卫在工作中常常感到压力和困惑，影响了他的工作效率和满意度。

这个案例反映了工作环境中的文化冲突，这是商务汉语教学中需要特别关注的问题。首先，它揭示了时间观念的文化差异。中西方对时间的理解和使用方式存在显著差异，这可能导致工作中的矛盾和误解。这提醒我们，在商务汉语教学中，需要介绍中国的时间文化，包括对准时的理解、工作时间的弹性等。其次，这个案例反映了沟通方式的文化差异。中国的"高语境"文化与西方的"低语境"文化在沟通方式上存在显著差异，这可能导致信息传递的障碍。这启示我们，在教学中需要培养学生的跨文化沟通能力，使他们能够理解和运用中国式的含蓄表达。再次，这个案例还反映了决策模式和人际关系处理方式的文化差异。中国的集体主义决策模式和关系导向的工作方式与西方的个人主义和任务导向形成鲜明对比。这提醒我们，在商务汉语教学中需要深入讲解中国的商业文化，包括"关系"的概念、"面子"的重要性等。

从教学实践的角度来看，这个案例为我们提供了几点启示。首先，我们可以设计一些商务情景模拟活动，让学生体验和应对工作中可能遇到的文化冲突。例如，可以设置"项目会议""客户沟通""团队协作"等场景，让学生尝试用中国的方式处理工作事务。其次，我们可以组织案例分析讨论，选取一些真实的跨文化商务冲突案例，让学生分析问题的原因并提出解决方案。这可以培养学生的跨文化分析能力和问题解决能力。再次，我们可以邀请一些在中国工作的外国商务人士来分享他们的经验，为学生提供实际的参考和建议。

此外，这个案例还提醒我们注意培养学生的文化智商（CQ）。文化智商包括认知CQ（了解文化差异）、动机CQ（愿意接触不同文化）、行为CQ（能够灵活调整行为）。我们可以设计一些文化智商培养的课程，帮助学生提高跨文化适应能力。例如，可以通过文化价值观测试帮助学生认识自己的文化倾向，通过跨文化案例分析培养他们的文化敏感性，通过角色扮演练习提高他们的行为调整能力。

最后，这个案例也反映了商务汉语教学的综合性和实用性。除了语言技能，我们还需要教授学生中国的商业礼仪、谈判技巧、管理风格等实用知识。可以考虑设置一些实践性的课程，如模拟商务谈判、企业参观、商务实习等，让学生在实际情境中应用所学知识。通过这些措施，我们可以帮助像大卫这样的学生更好地适应中国的商务环境，提高他们的跨文化商务能力。

（三）文化冲突的解决策略

案例一：语言学习中的文化适应

艾玛是一位来自法国的汉语学习者，在学习过程中遇到了一些文化冲突，但她通过积极的策略成功地解决了这些问题。首先，在语言表达方面，艾玛发现中文中有许多含蓄、婉转的表达方式，这与法语的直接表达方式很不同。起初，她常常误解中国人的意思，或者在表达时显得过于直接而冒犯了别人。为了解决这个问题，艾玛采取了以下策略：她开始有意识地收集和学习中文的委婉表达，如"麻烦你""不好意思"等礼貌用语；她也学会了在表达异议时使用一些缓和语气的词语，如"我觉得""也许"等。其次，在非语言交际方面，艾玛注意到中国人在社交场合的肢体语言和面部表情相对含蓄。她学会了观察和模仿中国人的非语言行为，如适当控制面部表情，保持适当的社交距离等。再次，在文化理解方面，艾玛遇到了一些难以理解的中国文化现象，如送礼文化、称呼习惯等。她采取了主动学习的态度，经常向中国朋友请教，阅读相关的文化书籍，参加文化体验活动。通过这些努力，艾玛不仅提高了语言能力，还增进了对中国文化的理解，成功地适应了中国的语言和文化环境。

这个案例展示了一个成功的文化适应过程，为我们的教学实践提供了有益的启示。首先，它强调了语言学习和文化学习的密切关系。艾玛的经历表明，真正掌握一门语言不仅需要学习语法和词汇，还需要理解和适应该语言所承载的文化。这提醒我们，在国际汉语教育中，应该将语言教学和文化教学有机结合，帮助学生理解语言背后的文化内涵。例如，在教授委婉表达时，可以同时介绍中国人重视和谐、注重"面子"的文化观念。其次，这个案例展示了主动学习和实践的重要性。艾玛通过积极观察、模仿和实践，逐步适应了中国的语言和文化环境。这启示我们，在教学中应该鼓励学生主动参与文化学习，创造更多的文化体验机会。例如，可以组织学生参加中国文化活动，与中国学生进行语言交换，或者进行短期文化浸润等。

从教学策略的角度来看，这个案例为我们提供了几点建议。首先，我们可以设计一些对比性的语言文化学习活动，帮助学生意识到母语和目的语之间的文化差异。例如，可以选取一些常见的社交场景，让学生比较中文和他们母语中的表达方式，分析背后的文化原因。其次，我们可以采用情景教学法，创设真实的语言使用环境，让学生在具体情境中学习和应用恰当的语言表达。例如，可以设置"拒绝邀请""表达感谢""提出建议"等情景，让学生练习使用合适的语言和非语言行为。再次，我们可以利用多媒体资源，如电影、电视剧、网络视频等，让学生观察和学习中国人的真实语言使用和行为方式。

此外，这个案例还提醒我们注意培养学生的文化反思能力。艾玛的成功在于她不仅学习了新的文化知识，还反思了自己的文化习惯，并做出了相应的调整。我们可以鼓励学生记录自己的文化学习过程，定期进行反思和总结。可以设置一些反思性的作业，如文化学习日记、跨文化体验报告等，帮助学生深化对文化差异的理解。同时，我们也可以组织小组讨论，让学生分享各自的文化适应经验，互相学习和启发。

最后，这个案例也强调了语言教师在文化适应过程中的重要作用。作为文化中介者，教师不仅需要传授语言知识，还要帮助学生理解和适应目的语文化。我们可以考虑为教师提供更多的跨文化培训，提高他们的文化意识和跨文化教学能力。同时，也可以鼓励教师分享自己的跨文化经验，为学生提供实际的指导和建议。通过这些措施，我们可以帮助更多的学生像艾玛一样，成功地适应中国的语言和文化环境，实现语言学习的目标。

案例二：跨文化团队的冲突管理

在一家中国的跨国公司中，一个由中国、美国和德国员工组成的项目团队遇到了严重的文化冲突，影响了项目进度。美国团队成员亚历克斯倾向于直接表达意见，经常在会议上质疑和挑战他人的观点；德国团队成员汉斯注重严格的计划和流程，对任何计划变更都感到不满；中国团队成员李明则倾向于委婉表达，避免直接冲突，但在私下表达不满。这些差异导致团队沟通不畅，决策效率低下。面对这种情况，项目经理王红采取了以下策略来解决冲突：首先，她组织了一次团队文化交流会，让每个成员分享自己的文化背景和工作习惯，增进相互了解。其次，她制订了一套团队沟通规则，鼓励开放沟通，但同时要求成员注意表达方式的文化差异。再次，她调整了决策流程，结合了不同文化的优点，既保证了充分讨论，又确保了执行效率。此外，她还安排了一些团队建设活动，如文化体验日、跨文化烹饪比赛等，增进团队成员的情感联系。通过这些努力，团队成员逐渐建立了相互理解和尊重，形成了一种独特的团队文化，项目也重新走上正轨。

这个案例展示了如何在跨文化团队中有效管理文化冲突，为我们的教学实践提供了宝贵的启示。首先，它强调了文化意识和相互理解的重要性。通过组织文化交流会，团队成员增进了对彼此文化背景的了解，这是解决文化冲突的基础。在国际汉语教育中，我们同样需要培养学生的文化意识，帮助他们理解不同文化背景的人的思维方式和行为模式。其次，这个案例展示了建立共同规则的重要性。项目经理制订的团队沟通规则为不同文化背景的成员提供了一个共同的行为框架。这启示我们，在跨文化教学中，我们也可以与学生一起制订课堂规则或学习公约，创造一个包容、尊重的学习环境。

从教学策略的角度来看，这个案例为我们提供了几点建议。首先，我们可以设计一些跨文化团队合作的模拟活动，让学生体验并学会处理文化差异带来的挑战。例如，可以组织学生完成一个小组项目，要求组员来自不同文化背景，让他们在合作过程中学习如何协调不同的工作方式和沟通风格。其次，我们可以引入一些跨文化管理的案例分析，让学生讨论和分析实际的跨文化冲突案例，提出解决方案。这可以培养学生的跨文化问题解决能力。再次，我们可以组织一些角色扮演活动，让学生扮演不同文化背景的角色，模拟跨文化沟通和冲突解决的场景。

此外，这个案例还提醒我们注意培养学生的跨文化领导力。项目经理王红成功地管理了文化冲突，展示了跨文化领导的重要性。我们可以在课程中加入一些跨文化领导力的内容，如文化智商、跨文化沟通技巧、多元化团队管理等。可以邀请一些有跨文化管理经验的企业高管来做讲座，分享他们的实践经验。

最后，这个案例也强调了创造共同文化的重要性。团队最终形成了一种独特的团队文化，这种文化既包含了各种文化的元素，又超越了个别文化的局限。在国际汉语教育中，我们同样可以努力创造一种包容多元文化的课堂文化。可以鼓励学生在学习中国语言和文化的同时，也分享自己的文化特色，形成一种互学互鉴的学习氛围。通过这些措施，我们可以帮助学生更好地理解和应对跨文化环境中的冲突，提高他们的跨文化合作能力。

案例三：跨文化婚姻中的文化调适

马克是一位来自加拿大的外交官，他与中国女性丽丽结婚后，面临着诸多文化冲突。首先，在家庭关系方面，马克习惯于核心家庭模式，而丽丽则期望与父母保持密切联系，甚至同住。这导致了关于婚后居住安排的争议。其次，在子女教育方面，马克倾向于鼓励孩子独立思考和自主决策，而丽丽则更注重学业成绩和遵从权威。这造成了他们在教育理念上的分歧。再次，在日常生活中，他们在饮食习惯、社交方式、金钱观念等方面也存在诸多差异。面对这些冲突，马克和丽丽采取了以下策略：首先，他们进行了深入的文化交流，相互学习对方的文化背景和价值观。马克学习中文并深入了解中国文化，丽丽也努力理解西方文化。其次，他们寻求专业帮助，参加了跨文化婚姻辅导课程，学习如何处理文化差异。再次，他们建立了一种"协商文化"，即在遇到分歧时，通过开放、平等的对话达成共识。例如，他们决定在加拿大生活，但每年回中国探亲；在子女教育上，他们结合了中西方的教育理念，既注重培养孩子的独立性，也重视学业成绩。此外，他们还创造了一些独特的家庭传统，融合了两种文化的元素，如在中国春节和西方圣诞节都举行家庭聚会。通过这些努力，马克和丽丽逐渐建立了一种和谐的跨文化家庭氛围，不仅克服了文化差异带来的挑战，还让自己的生活变得更加丰富多彩。

这个案例展示了跨文化婚姻中的文化调适过程，为我们的教学实践提供了重要启示。首先，它强调了深入了解对方文化的重要性。马克和丽丽通过相互学习对方的语言和文化，增进了理解和沟通。在国际汉语教育中，我们同样需要鼓励学生深入了解中国文化，不仅停留在表面的文化知识，还要理解文化背后的价值观和思维方式。其次，这个案例展示了专业指导的价值。马克和丽丽寻求专业的跨文化婚姻辅导，这启示我们在教学中也可以引入一些专业的跨文化交际理论和技巧，帮助学生更系统地学习如何处理文化差异。

从教学策略的角度来看，这个案例为我们提供了几点建议。首先，我们可以设计一些跨文化家庭生活的模拟活动，让学生体验并学会处理日常生活中的文化差异。例如，可以组织角色扮演活动，让学生扮演跨文化夫妻，模拟处理家庭关系、子女教育等问题。其次，我们可以引入一些跨文化婚姻的案例分析，让学生讨论和分析实际的跨文化家庭冲突案例，提出解决方案。这可以培养学生的跨文化问题解决能力。再次，我们可以组织一些文化价值观比较的讨论活动，让学生比较中西方在家庭观念、教育理念等方面的差异，深入理解文化冲突的根源。

此外，这个案例还提醒我们注意培养学生的文化协商能力。马克和丽丽建立的"协商文化"是解决文化冲突的关键。我们可以在课程中加入一些文化协商的内容，如跨文化沟通技巧、冲突解决策略等。可以设计一些模拟协商的练习，让学生学习如何在文化差异中寻找平衡点。

最后，这个案例也强调了创造新文化的重要性。马克和丽丽通过融合两种文化元素，创造了独特的家庭传统。在国际汉语教育中，我们同样可以鼓励学生进行文化创新。可以设置一些创意作业，如设计融合中西元素的节日庆祝活动，创作反映跨文化经历的文学作品等，激发学生的文化创新思维。

这个案例还启发我们关注情感因素在跨文化适应中的重要性。马克和丽丽的成功不仅依赖于理性的文化学习和协商，还源于他们之间的情感联系和相互支持。在教学中，我们也应该注意培养学生的文化共情，即设身处地理解和感受不同文化背景的人的情感和经历的能力。可以通过讲述感人的跨文化故事，组织跨文化友谊活动等方式，培养学生的文化共情能力。

通过这些措施，我们可以帮助学生更好地理解和应对跨文化关系中的挑战，提高他们的跨文化适应能力，为可能的跨文化婚姻或深度跨文化关系做好准备。同时，这些能力也将有助于学生在其他跨文化场景中更好地沟通和合作。

第四节 国际汉语教育中的文化意识

文化意识是国际汉语教育中的一个关键概念，它不仅影响学习者的语言习得过程，还决定了他们在跨文化交际中的表现。培养学习者的文化意识，是提高国际汉语教育质量的重要途径。

一、文化意识的定义与重要性

（一）文化意识的定义

文化意识是指个体对文化差异的认知和敏感度，以及在跨文化情境中理解、尊重和适应不同文化的能力。它包括对自身文化和他人文化的认识，对文化差异的敏感性，以及在跨文化交际中的适应能力。在国际汉语教育中，文化意识特指学习者对中国文化与自身文化差异的认知，以及在学习和使用汉语过程中对文化因素的敏感性和适应能力。文化意识不是一个静态的概念，而是一个动态发展的过程。它始于对文化差异的初步认知，经过不断的学习和实践，逐步发展成为深入理解和灵活应对文化差异的能力。例如，一个初学汉语的学生可能首先注意到中国人使用筷子这一表面的文化差异，随着学习的深入，他可能会理解到使用筷子背后反映的中国饮食文化特点，如重视分享、强调和谐等。进一步地，他可能会思考这种饮食文化与中国的社会结构、历史传统等更深层次的文化因素之间的联系。

文化意识的形成涉及多个层面。在认知层面，它包括对文化知识的积累和理解，如了解不同文化的习俗、价值观、行为规范等。在情感层面，它涉及对文化差异的态度，如开放、包容、尊重等。在行为层面，它表现为在跨文化情境中做出恰当反应的能力。例如，一个具有高度文化意识的汉语学习者，不仅知道中国人重视"面子"，还能理解"面子"概念在中国社会中的重要性，并在与中国人交往时注意维护对方的"面子"。这种文化意识使他能够更好地理解中国人的行为动机，避免文化冲突，实现有效的跨文化交际。

（二）文化意识的重要性

文化意识在国际汉语教育中具有多方面的重要性。首先，文化意识是语言学习的重要组成部分。语言不仅是交际的工具，也是文化的载体。没有对文化的深入理解，就难以真正掌握语言的精髓。例如，理解"敬酒"这个词，不仅需要知道它的字面意思，还需要了解中国的酒桌文化，包括敬酒的礼仪、场合、意义等。具有高度文化意识的学习者能够更准确地理解和使用语言，避免因文化差异造成的误解和冒犯。其次，文化意识有助于提高跨文化交际能力。在全球化的今天，跨文化交际能力已成为一项重要的社会技能。具有文化意识的学习者能够更好地理解和尊重文化差异，在跨文化情境中做出恰当的反应。例如，他们会注意到中国人在社交场合常用的一些礼貌用语，如"您辛苦了""慢走"等，并能在适当的场合使用这些表达，从而更好地融入中国的社交环境。

再次，文化意识有助于培养全球化视野和文化包容性。通过发展文化意识，学习者不仅能够更好地理解中国文化，还能从一个更广阔的视角看待世界文化的多样性。这种视野有助于培养学习者的文化包容性和跨文化同理心，使他们能够以更开放、更包容的态度面对文化差异。例如，一个具有高度文化意识的学习者在面对中国的"关系文化"时，不会简单地将其视为"不公平"或"腐败"，而是会尝试理解这种文化现象的历史根源和社会功能，并思考如何在尊重当地文化的同时，维护自身的价值观。最后，文化意识对于个人的长期发展也具有重要意义。在日益全球化的世界中，具有跨文化能力的人才越来越受到重视。培养文化意识不仅有助于学习者更好地学习汉语，还能为他们未来在跨文化环境中的学习、工作和生活打下基础。例如，许多跨国公司在招聘时都会特别看重应聘者的跨文化能力，而文化意识正是这种能力的核心组成部分。

（三）文化意识的发展阶段

文化意识的发展是一个渐进的过程，可以大致分为以下几个阶段：文化无知阶段、文化意识觉醒阶段、文化理解阶段、文化适应阶段和文化整合阶段。在文化无知阶段，学习者对文化差异缺乏认识，常常用自己的文化标准来评判其他文化。例如，一个初到中国的留学生可能会对中国人在公共场合的一些行为（如大声说话、随地吐痰等）感到不适，并简单地认为这是"不文明"的表现。在文化意识觉醒阶段，学习者开始注意到文化差异的存在，但可能还不能完全理解这些差异背后的原因。他们可能会对一些文化现象感到好奇或困惑，如中国人为什么那么重视"面子"。

在文化理解阶段，学习者开始深入了解不同文化现象背后的原因和意义。例如，他们可能会理解到"面子"文化与中国的社会结构和历史传统有关。在文化适应阶段，学习者能够在不同文化环境中灵活调整自己的行为。例如，他们在与中国人交往时会注意维护对方的"面子"，但在与西方人交往时则会采用更直接的沟通方式。在文化整合阶段，学习者能够超越单一文化的视角，形成一种多元文化的世界观。他们不仅能够在不同文化之间自如切换，还能创造性地融合不同文化元素。例如，他们可能会在保持自身文化特色的同时，吸收中国文化中的积极因素，形成一种独特的跨文化生活方式。

理解这些发展阶段对于国际汉语教育具有重要意义。教育者可以根据学习者所处的发展阶段，采取相应的教学策略。例如，对于处于文化无知阶段的学习者，可以着重培养他们对文化差异的基本认识；对于处于文化理解阶段的学习者，可以引导他们进行更深入的文化分析和比较；对于处于文化整合阶段的学习者，则可以鼓励他们进行创造性的文化融合实践。通过这种有针对性的教学，能够更有效地促进学习者文化意识的发展。

二、培养文化意识的策略

（一）显性文化教学

显性文化教学是指直接、明确地向学习者传授文化知识的方法。这种方法主要涉及可观察、可描述的文化现象，如历史、地理、艺术、文学、风俗习惯等。显性文化教学的优点是直观、系统，易于学习者理解和掌握。例如，在教授中国的传统节日时，可以详细介绍每个节日的起源、习俗、相关食品等。在讲解中国的地理知识时，可以结合地图、图片等视觉材料，让学习者对中国的地理特征有直观认识。在介绍中国艺术时，可以展示具体的艺术作品，如书法、国画、戏曲等，让学习者亲身感受中国艺术的魅力。

显性文化教学的一个重要策略是结合语言教学进行。例如，在教授与节日相关的词汇时（如"春节""红包""团圆"等），可以同时介绍春节的文化背景和习俗。在教授地名时，可以结合地理和历史知识进行讲解。这种方法不仅可以加深学习者对语言的理解，还能增加文化知识的学习兴趣。

另一个有效的显性文化教学策略是使用多媒体资源。现代科技为文化教学提供了丰富的资源和手段。例如，可以使用视频材料展示中国的风土人情，使用虚拟现实技术让学习者"身临其境"地体验中国的文化景观，使用在线资源让学习者实时了解中国的社会动态。这些多媒体资源能够为学习者提供更加生动、直观的文化体验，激发他们的学习兴趣。

此外，组织文化体验活动也是显性文化教学的重要方式。例如，可以组织学习者参加中国传统节日庆祝活动，体验中国的饮食文化，学习中国的传统手工艺等。这些实践性活动能够让学习者直接接触和体验中国文化，加深他们对文化知识的理解和印象。

然而，显性文化教学也有其局限性。它可能导致学习者对文化的理解停留在表面，忽视了文化的深层含义和复杂性。因此，在进行显性文化教学时，教育者需要注意以下几点：首先，要避免文化刻板印象，强调文化的多样性和变化性。例如，在介绍中国饮食文化时，不应仅仅停留在"中国人喜欢吃米饭"这样的表面认识，而应该介绍不同地区的饮食特色，以及现代中国人饮食习惯的变化。其次，要注意文化知识的语境化，即将文化知识放在具体的社会历史背景中解释。例如，在介绍中国的"关系文化"时，应该结合中国的社会结构和历史传统进行解释，而不是简单地评判其好坏。最后，要鼓励学习者进行文化反思和比较，培养他们的批判性思维。可以设计一些比较性的讨论题，让学习者比较中国文化和自身文化的异同，思考文化差异的原因和影响。

（二）隐性文化教学

隐性文化教学是指通过语言学习和日常交际过程，让学习者潜移默化地感受和理解文化的方法。这种方法主要涉及深层次的文化因素，如价值观、思维方式、交际规则等。隐性文化教学的优点是自然、真实，能够帮助学习者更深入地理解文化的内在逻辑。例如，在教授汉语的礼貌用语时，不仅要教授具体的表达方式，还要让学习者理解这些表达背后反映的中国人的礼仪观念和人际关系处理方式。在教授中国人的称呼系统时，不仅要教授具体的称呼词，还要让学习者理解这种复杂的称呼系统反映了中国社会的等级观念和关系网络。

隐性文化教学的一个重要策略是创造真实的语言使用环境。例如，可以设计一些模拟真实场景的角色扮演活动，让学习者在实际交际中体验和理解文化规则。可以组织学习者与中国人进行语言交换，在真实的交流中感受文化差异。还可以鼓励学习者观看中国的电视节目、电影等，通过这些真实的语言材料感受中国人的思维方式和价值观。

另一个有效的隐性文化教学策略是通过文学作品进行文化教学。文学作品往往能深刻反映一个民族的文化心理和价值观念。通过阅读和分析中国文学作品，学习者可以深入理解中国人的思想情感和行为方式。例如，通过阅读鲁迅的小说，学习者可以理解中国近代社会的变革和知识分子的心理状态；通过阅读当代文学作品，学习者可以了解现代中国人的生活状态和价值取向。

此外，利用文化对比也是隐性文化教学的重要方法。通过比较中国文化和学习者本国文化的异同，可以帮助学习者更深入地理解两种文化的特点。例如，可以比较中西方的家庭观念，探讨"孝道"在中国文化中的重要地位及其现代变迁。可以比较中西方的教育理念，讨论"应试教育"和"素质教育"的利弊。这种对比分析不仅能加深学习者对中国文化的理解，还能促进他们对自身文化的反思。

然而，隐性文化教学也面临一些挑战。首先，它需要较长的时间和大量的实践才能见效，这可能不适合短期的语言学习项目。其次，由于文化因素的隐蔽性,学习者可能难以明确意识到自己的文化学习过程,这可能导致学习效果不易评估。最后,隐性文化教学对教师的要求较高,需要教师具有敏锐的文化意识和丰富的跨文化经验。

为了克服这些挑战,教育者可以采取以下策略:首先,可以将隐性文化教学与显性文化教学结合起来,在进行隐性文化教学的同时,适时地进行显性的文化解释和总结。其次,可以设计一些反思性的学习活动,如文化学习日记、跨文化体验报告等,帮助学习者意识到并总结自己的文化学习过程。最后,可以为教师提供专业的跨文化培训,提高他们的文化敏感性和跨文化教学能力。

(三)体验式文化学习

体验式文化学习是指通过直接参与文化活动,让学习者亲身体验和感受文化的方法。这种方法强调"做中学",能够为学习者提供全方位、多感官的文化体验,有助于加深文化理解,提高文化适应能力。例如,可以组织学习者参加中国的传统节日庆祝活动,如包饺子、贴春联、赏花灯等,让他们直接体验中国的节日氛围和文化内涵。可以安排学习者参与中国的传统艺术活动,如书法、国画、剪纸等,让他们亲身感受中国艺术的魅力。还可以组织学习者体验中国的日常生活,如在中国家庭寄宿、参加中国式聚会等,让他们深入了解中国人的生活方式和社交规则。

体验式文化学习的一个重要策略是创造沉浸式的文化环境。例如,可以组织汉语夏令营或冬令营,让学习者在短期内全身心地投入到中国文化环境中。可以设立汉语角或中国文化俱乐部,为学习者提供定期的文化体验和交流机会。还可以利用现代技术,如虚拟现实技术,创造虚拟的文化体验环境,让学习者"身临其境"地体验中国的文化场景。

另一个有效的体验式学习策略是设计文化项目。可以要求学习者完成一些与中国文化相关的项目,如制作中国美食、组织中国文化展览、编写中国文化指南等。这些项目不仅能让学习者深入了解中国文化,还能培养他们的实践能力和创新能力。例如,在一个"中国美食"项目中,学习者需要研究中国的饮食文化,学习烹饪技巧，最后举办一场中国美食品尝会。通过这个过程，学习者不仅学习了与美食相关的语言知识，还深入了解了中国的饮食文化和习俗。

此外，组织文化交流活动也是体验式学习的重要形式。可以安排学习者与中国学生进行一对一的语言交换，让他们在真实的交流中体验文化差异。可以组织中外学生联合举办文化活动，如中西方节日庆祝会、跨文化美食节等，让学习者在合作中增进文化理解。还可以组织学习者参加当地的文化活动，如社区节日庆祝、传统文化展示等，让他们感受真实的中国文化氛围。

然而，体验式文化学习也面临一些挑战。首先，组织文化体验活动可能需要大量的时间和资源，这对教育机构来说可能是一个负担。其次，在异文化环境中，学习者可能会遇到文化冲击，如果处理不当，可能会影响学习效果。最后，如果缺乏适当的引导和反思，学习者可能只停留在表面的体验，而无法深入理解文化内涵。

为了应对这些挑战，教育者可以采取以下策略：首先，可以寻求与当地文化机构、社区组织的合作，共同组织文化体验活动，以减轻资源压力。其次，在组织文化体验活动前，应该为学习者提供必要的文化知识和心理准备，帮助他们更好地应对可能遇到的文化冲击。最后，在每次文化体验活动后，应该组织学习者进行反思和讨论，帮助他们深化对文化的理解。可以要求学习者撰写文化体验报告，或者组织小组讨论，交流体验感受和心得。通过这种方式，体验式学习不仅能提供直观的文化体验，还能促进学习者的深度思考和文化理解。

三、文化意识的评估与反馈

（一）评估方法

评估学习者的文化意识是一个复杂的过程，需要采用多元化的评估方法。传统的纸笔测试虽然可以评估学习者的文化知识，但难以全面反映其文化理解能力和跨文化交际能力。因此，我们需要结合多种评估方法，以全面衡量学习者的文化意识水平。

首先，可以使用文化知识测试来评估学习者对基本文化知识的掌握程度。这种测试可以包括选择题、填空题、简答题等，涉及中国的历史、地理、艺术、习俗等方面的知识。例如，可以设计一些关于中国传统节日、历史人物、地理特征的问题，或者要求学习者解释一些中国特有的文化概念，如"面子""关系""孝道"等。这种测试能够较为客观地评估学习者的文化知识储备，但它的局限性在于无法反映学习者对文化的深层理解和实际应用能力。

其次，可以采用情景模拟的方法来评估学习者的跨文化交际能力。可以设计一些模拟的跨文化交际场景，让学习者在其中表现。例如，可以设置"在中国参加商务晚宴""与中国朋友讨论敏感话题""处理与中国同事的工作冲突"等场景，观察学习者如何应对这些文化差异带来的挑战。这种方法能够较好地反映学习者在实际情境中的文化应用能力，但评分可能存在主观性。

再次，可以使用文化分析报告来评估学习者的文化理解深度和批判性思维能力。可以要求学习者选择一个中国文化现象进行深入分析，探讨其历史背景、社会意义、现代变迁等。例如，可以让学习者分析中国的"关系文化""食文化""茶文化"等。通过这种方式，可以评估学习者是否能够深入理解文化现象背后的深层原因，是否能够客观地分析文化现象的利弊，是否能够将文化知识与实际生活联系起来。

此外，还可以采用文件夹评估的方法。让学习者收集和整理自己在文化学习过程中的作品、反思日记、文化体验报告等，形成一个完整的文化学习档案。这种方法不仅可以全面展示学习者的文化学习过程和成果，还能促进学习者的自我反思和成长。例如，可以要求学习者定期记录自己的文化学习心得，收集自己参与文化活动的照片和作品，记录自己在跨文化交际中的成功经验和失败教训等。

最后，同伴评估和自我评估也是重要的补充方法。可以组织学习者相互评价彼此的文化表现，这不仅可以获得多角度的评估信息，还能促进学习者之间的交流和学习。自我评估则可以培养学习者的文化意识和自我管理能力。可以设计一些文化意识自评量表，让学习者定期评估自己的文化学习进展。

在实际应用这些评估方法时，需要注意以下几点：首先，应该根据学习者的水平和学习阶段选择适当的评估方法。例如，对于初级学习者，可能更多地使用文化知识测试；对于高级学习者，则可以更多地采用文化分析报告和文件夹评估。其次，应该将评估与教学过程紧密结合，而不是将其作为独立的环节。可以将一些评估活动设计成学习任务，如将文化分析报告作为课程作业。再次，在评估过程中应该注意文化差异对评估的影响。例如，来自不同文化背景的学习者可能对同一文化现象有不同的理解和评价，评估时应该考虑到这一点。最后，评估结果应该用于指导后续的教学，而不仅仅是给出一个分数。可以根据评估结果调整教学策略，为学习者提供针对性的指导和帮助。

（二）反馈机制

有效的反馈机制是确保评估发挥作用的关键。良好的反馈不仅能让学习者了解自己的学习情况，还能指导他们的后续学习，激发学习动力。在文化意识的评估中，反馈机制应该具有以下特点：

首先，反馈应该及时。文化学习是一个持续的过程，及时的反馈可以帮助学习者及时调整学习策略，纠正错误认识。例如，在进行情景模拟评估后，应该立即与学习者讨论他们的表现，指出文化适当和不适当的行为，解释背后的文化原因。这种即时反馈可以帮助学习者在记忆新鲜时进行反思和改进。

其次，反馈应该具体。笼统的评价如"文化意识不错"或"需要提高"对学习者的帮助有限。反馈应该指出具体的优点和不足，并提供改进建议。例如，在评估文化分析报告时，可以具体指出报告中对文化现象分析的深度、对文化背景解释的准确性、对文化比较的恰当性等，并就每个方面给出具体的改进建议。

再次，反馈应该建设性。反馈的目的是促进学习，而不是打击学习者的信心。即使指出问题，也应该以积极、鼓励的方式进行。例如，在指出学习者在跨文化交际中的失误时，可以这样表达："你在这个情况下选择直接表达你的不满是出于好意，但在中国文化中，人们可能更倾向于间接表达。下次你可以尝试使用一些委婉的表达方式，这样可能会更有效。"这种建设性的反馈不仅指出了问题，还提供了改进的方向，同时也肯定了学习者的良好意图。

此外，反馈应该双向互动。反馈不应该是教师单方面的评价，而应该鼓励学习者参与到反馈过程中来。可以邀请学习者对自己的表现进行自评，解释自己的想法和行为动机。这种双向互动不仅可以帮助教师更好地理解学习者的思维过程，还能促进学习者的自我反思能力。例如，在讨论文化体验报告时，可以先让学习者说说自己对这次文化体验的感受和思考，然后再给出教师的评价和建议。

最后，反馈应该持续和系统。文化意识的发展是一个长期过程，需要持续的反馈和指导。可以建立一个系统的反馈机制，定期与学习者讨论他们的文化学习进展。例如，可以每月进行一次文化学习总结会，回顾这个月的文化学习情况，讨论遇到的问题和收获，制订下一步的学习计划。这种持续的反馈可以帮助学习者保持学习动力，形成良好的文化学习习惯。

在实施反馈时，还可以考虑以下策略：

1. 利用技术手段提供及时反馈。例如，可以使用在线学习平台，为学习者提供即时的自动化反馈。在学习者完成文化知识测试后，系统可以立即给出正确答案和解释。

2. 采用同伴反馈。鼓励学习者之间相互评价和反馈，这不仅可以减轻教师的工作负担，还能促进学习者之间的交流和学习。例如，在进行文化分析报告评估时，可以组织学习者进行互评，每个人不仅要完成自己的报告，还要评价其他同学的报告。

3. 建立文化学习档案。为每个学习者建立一个文化学习档案，记录他们的文化学习过程、评估结果和反馈意见。这个档案可以帮助学习者和教师追踪长期的学习进展，发现学习模式和需要改进的方面。

4. 结合具体情境提供反馈，应该在具体的文化情境中提供反馈。例如，在组织文化体验活动后，可以立即组织讨论会，让学习者分享体验感受，教师给予针对性的反馈和指导。

5. 鼓励反思性学习。在提供反馈时，不仅要指出问题，还要引导学习者思考问题的原因和可能的解决方法。例如，可以要求学习者写文化学习反思日记，记录自己的文化学习体验，分析自己的进步和不足。

通过这些策略，我们可以建立一个全面、有效的反馈机制，帮助学习者不断提升文化意识，提高跨文化交际能力。

第五节 文化融入的模型与应用

文化融入是一个复杂的过程，涉及多个层面和阶段。为了更好地理解和应用文化融入的概念，学者们提出了多种文化融入模型。这些模型不仅有助于我们理解文化融入的过程，还为国际汉语教育的实践提供了理论指导。本节将介绍几个重要的文化融入模型，并探讨它们在国际汉语教育中的应用。

一、文化融入模型的理论基础

（一）贝里的文化适应模型

贝里的文化适应模型是最广为人知的文化融入模型之一。这个模型基于两个基本问题：一是个体是否愿意保持原有文化身份和特征；二是个体是否愿意与主流社会建立关系并参与其中。基于这两个问题的回答，贝里提出了四种文化适应策略：同化、融合、分离和边缘化。

同化策略指的是个体放弃原有文化，完全接受新文化。例如，一个来自西方国家的学生可能会完全接受中国的生活方式，甚至改变自己的姓名为中文名。融合策略则是在保持原有文化的同时，也接受新文化。这种策略的典型例子是，一个外国学生在学习中国文化的同时，也保持自己国家的文化传统，如在中国过春节的同时也庆祝自己国家的节日。分离策略是坚持原有文化，拒绝接受新文化。例如，一些留学生可能会选择只和自己国家的人交往，很少与中国人互动。边缘化策略则是既失去原有文化，又未能融入新文化，这种情况可能会导致严重的心理问题。

这个模型对国际汉语教育有重要启示。首先，它提醒我们，文化融入不是简单的文化同化，而是一个复杂的选择过程。在教学中，我们不应该强求学习者完全接受中国文化，而应该尊重他们的文化选择，帮助他们在保持自身文化特色的同时，学习和理解中国文化。其次，这个模型强调了个体在文化适应过程中的主动性。我们应该培养学习者的文化选择能力，让他们能够主动、有意识地进行文化适应。最后，这个模型揭示了文化边缘化的风险。我们应该注意防止学习者陷入文化边缘化的状态，帮助他们建立积极的文化认同。

（二）贝内特的跨文化敏感性发展模型

贝内特的跨文化敏感性发展模型描述了个体从文化排斥到文化适应的六个阶段：否认、防御、最小化、接受、适应和融合。在否认阶段，个体可能会完全忽视文化差异的存在。例如，一个初到中国的学生可能会认为中国人的行为方式"奇怪"，而没有意识到这是文化差异的表现。在防御阶段，个体开始认识到文化差异，但持负面态度。比如，学生可能会抱怨中国的饮食习惯或社交方式，认为自己国家的方式更好。

最小化阶段，个体承认表面的文化差异，但认为所有人本质上是相同的。这种观点虽然看似包容，但可能忽视了深层次的文化差异。接受阶段，个体开始认识到并尊重文化差异。在这个阶段，学生可能会积极地学习中国文化，尝试理解中国人的思维方式。适应阶段，个体能够改变视角和行为以适应不同文化。例如，学生可能会在不同场合自如地切换中西方的交际方式。最后的融合阶段，个体能够在不同文化背景中灵活切换，形成跨文化身份。

这个模型对国际汉语教育的启示在于：首先，它提供了一个评估学习者文化敏感性的框架。教师可以根据这个模型，判断学习者处于哪个阶段，从而采取相应的教学策略。其次，它强调了文化敏感性发展的渐进性，提醒我们文化融入是一个长期过程，需要耐心和持续的努力。最后，它指出了文化融合是最高级的文化适应状态，这为我们的教学提供了一个长期目标。

（三）迪尔多夫的跨文化能力发展金字塔模型

迪尔多夫的模型将跨文化能力的发展描述为一个金字塔结构，从底部到顶部依次是：必要态度、知识和理解、内部结果、外部结果。必要态度包括尊重、开放、好奇和发现。知识和理解包括文化自觉、深入的文化知识、社会语言学意识。内部结果指的是适应性、灵活性、同理心、相对视角。外部结果则表现为有效和恰当的沟通与行为。

这个模型强调了态度、知识、能力和行为之间的关系，提示我们文化融入教学应该是一个全面的过程，不仅要传授知识，还要培养态度，锻炼能力，最终体现在行为上。例如，在教授中国的礼仪文化时，我们不仅要介绍具体的礼仪规范（知识），还要培养学生对这些礼仪背后文化意义的理解和尊重（态度），引导他们在实际交往中灵活运用这些礼仪（能力），最终能够在不同场合恰当地表现（行为）。

二、文化融入模型在国际汉语教育中的应用

（一）课程设置

在课程设置方面，我们可以根据文化融入模型设计一个渐进式的文化课程体系。入门阶段的课程可以主要针对处于文化否认或防御阶段的学习者，课程内容以基础文化知识为主，如中国地理、历史、传统节日等。教学目标是帮助学习者认识文化差异，培养基本的文化意识。例如，可以设置"中国文化概论"这样的课程，通过介绍中国的基本国情、主要节日、饮食习惯等，帮助学生建立对中国文化的初步认识。

发展阶段的课程可以针对处于文化最小化或接受阶段的学习者，课程内容深入到价值观、思维方式等深层文化因素。教学目标是帮助学习者理解文化差异的深层原因，培养文化共情。例如，可以开设"中国思想与价值观"的课程，深入讨论儒家思想、道家思想对中国人行为方式的影响，帮助学生理解中国人的思维模式。

高级阶段的课程可以针对处于文化适应或融合阶段的学习者，课程内容侧重于跨文化交际实践和文化创新。教学目标是培养学习者的跨文化行动能力和创新能力。例如，可以设置"跨文化商务沟通"的课程，通过案例分析、角色扮演等方式，培养学生在中国商业环境中的沟通能力。

在具体的课程设置中，可以考虑设置专门的文化课程，如"中国文化概论""跨文化交际"等，系统传授文化知识和技能。同时，也可以在语言课程中融入文化内容，如在阅读课中选择具有文化内涵的文本，在口语课中设置文化主题讨论等。此外，开设一些实践性的文化课程，如"中国烹饪""中国书法"等，让学习者通过实践深入体验中国文化。设置一些跨文化比较课程，如"中西文化比较""全球化与本土化"等，培养学习者的跨文化思维。

（二）教学方法

在教学方法上，我们可以根据不同的文化融入模型，采用多元化的教学方法。基于贝里的模型，我们可以采用个性化教学方法。根据学习者的文化适应策略，提供相应的学习内容和活动。例如，对于倾向于文化融合的学习者，可以提供更多的跨文化实践机会；对于倾向于文化分离的学习者，则可能需要更多的文化理解和态度培养活动。

基于贝内特的模型，我们可以采用阶段性教学方法。针对不同文化敏感性阶段的学习者，采用不同的教学策略。例如，对于处于否认阶段的学习者，可以通过丰富的文化展示来增强他们的文化意识；对于处于防御阶段的学习者，可以通过文化对比来帮助他们理解文化差异的合理性；对于处于适应或融合阶段的学习者，可以提供更多的文化实践和创新机会。

基于迪尔多夫的模型，我们可以采用全面发展的教学方法。在教学中注重态度、知识、能力和行为的全面培养。例如，在教授中国的礼仪文化时，不仅要介绍具体的礼仪规范，还要培养学生对这些礼仪的尊重态度，引导他们在实际交往中灵活运用这些礼仪。

具体的教学方法可以包括：文化体验活动，如参加中国传统节日庆祝、学习中国传统艺术等；文化对比分析，如比较中西方的教育理念、家庭观念等；角色扮演，如模拟中国的商务场景、社交场合等；项目式学习，如设计一个中国文化主题的展览、编写一本中国文化指南等；文化反思日记，鼓励学生记录和反思自己的文化学习过程。

（三）评估方法

在评估方面，我们需要采用多元化的评估方法，以全面反映学习者的文化融入程度。可以采用以下几种评估方法：

文化知识测试：评估学习者对中国文化基本知识的掌握程度。这可以包括选择题、填空题、简答题等，涉及中国的历史、地理、艺术、习俗等方面的知识。

情景模拟评估：通过设置模拟的跨文化交际场景，评估学习者在实际情境中的表现。例如，可以设置"在中国参加商务晚宴""与中国朋友讨论敏感话题"等场景，观察学习者如何应对这些文化差异带来的挑战。

文化分析报告：要求学习者选择一个中国文化现象进行深入分析，评估他们的文化理解深度和批判性思维能力。例如，可以让学习者分析中国的"关系文化""茶文化"等，探讨这些文化现象的历史背景、社会意义、现代变迁等。

文化体验日记：鼓励学习者记录自己的文化学习和体验过程，评估他们的文化敏感性和反思能力。这可以包括他们对文化差异的观察、对文化冲突的反思、对自身文化态度的变化等。

实践项目评估：通过学习者完成的文化实践项目来评估他们的文化应用能力。例如，可以要求学习者组织一次中国文化展览、设计一个融合中西元素的文化产品等。

同伴评估和自我评估：鼓励学习者相互评价彼此的文化表现，同时进行自我评估。这不仅可以获得多角度的评估信息，还能促进学习者的文化反思和自我认知。

在实施这些评估方法时，我们需要注意以下几点：首先，评估应该是持续的过程，而不是一次性的考试。我们可以在整个学习过程中进行多次评估，以追踪学习者的文化融入进展。其次，评估应该注重实践性和应用性，不仅考察学习者的文化知识，更要关注他们在实际情境中的文化应用能力。再次，评估应该考虑到文化融入的多维度性，包括认知、情感、行为等多个方面。最后，评估结果应该用于指导后续的教学，而不仅仅是给出一个分数。我们可以根据评估结果调整教学策略，为学习者提供针对性的指导和帮助。

通过这些多元化的课程设置、教学方法和评估方式，我们可以更好地将文化融入模型应用于国际汉语教育实践，帮助学习者实现更深入、更全面的文化融入。

第二章　国际汉语教育中的文化教学

第一节 教师在文化教学中的角色与责任

在国际汉语教育的大环境下，教师担任着文化传播者和桥梁的重要角色。教师不仅要传授语言知识，更要成为中华文化的使者，在教学过程中融入文化元素，帮助学生建立对中国文化的理解和认同。这一过程中，教师需要不断提升自身的文化素养和跨文化交际能力，以应对教学中可能遇到的各种挑战。

一、文化知识的传播者

（一）全面掌握中国文化知识

作为国际汉语教育的教师，首要任务是全面掌握中国文化知识。这不仅包括传统文化，如历史、哲学、文学、艺术等，还应涵盖当代中国社会的方方面面。教师需要深入了解中国的地理环境、民族构成、社会制度、经济发展、科技创新等领域的最新动态。只有自身具备丰富的文化积累，才能在教学中游刃有余，为学生提供全面而准确的文化信息。

在日常教学中，教师可以通过多种渠道不断更新和丰富自己的文化知识储备。定期阅读中国历史文化类书籍，关注中国主流媒体报道，参与文化交流活动等，都是有效的途径。同时，教师还应该培养批判性思维，对文化现象进行客观分析和理性判断，避免陷入刻板印象或片面理解。只有这样，才能在课堂上呈现出立体、多元的中国文化形象，激发学生的学习兴趣和探索欲望。

教师还需要注意文化知识的系统性和连贯性。中国文化源远流长，各个时期、各个领域之间存在着密切的联系。教师在讲解某一文化现象时，应该能够将其置于历史的长河中，阐明其发展脉络和演变过程。例如，在介绍中国传统节日时，不仅要讲解其习俗和意义，还应该联系当代社会的实际情况，说明节日文化的传承与创新。这种纵向联系有助于学生更深入地理解中国文化的内在逻辑和生命力。

（二）培养跨文化视角

在国际汉语教育中，教师不仅要精通中国文化，还要具备跨文化视角。这意味着教师需要了解学生的文化背景，善于发现不同文化之间的共性和差异。培养跨文化视角有助于教师更好地设计教学内容，选择恰当的教学方法，避免文化冲突，促进文化交流。

教师可以通过以下方式培养跨文化视角：积极了解学生所在国家或地区的文化传统、社会习俗和价值观念；关注国际时事，了解全球化背景下的文化交流趋势；参与跨文化交流活动，亲身体验不同文化的碰撞与融合。在教学实践中，教师应该鼓励学生分享自己的文化经验，并引导学生比较不同文化的异同。这种比较不应停留在表面现象，而是要深入探讨文化差异背后的历史原因和社会因素。

具备跨文化视角的教师能够更好地处理文化教学中的敏感话题。面对可能引起争议的文化现象，教师应该采取客观、中立的态度，引导学生从多个角度进行分析和讨论。例如，在讲解中国的家庭观念时，教师可以将其与学生所在国家的家庭结构进行对比，探讨不同文化背景下的家庭观念形成原因，以及这些观念在现代社会中的变迁。这种方法不仅能够增进学生对中国文化的理解，还能培养他们的文化包容性和批判性思维能力。

（三）文化教学的创新实践

作为文化知识的传播者，教师还肩负着创新文化教学方法的责任。传统的文化教学往往过于注重知识灌输，忽视了学生的主动参与和实践体验。在当今信息化、全球化的背景下，教师需要积极探索新的教学模式，充分利用现代技术手段，为学生创造沉浸式的文化学习环境。

教师可以尝试将虚拟现实（VR）、增强现实（AR）等技术应用到文化教学中。例如，通过VR技术带领学生"漫步"在中国古代园林中，感受其独特的美学理念和空间布局；或者利用AR技术，让学生在现实环境中体验中国传统节日的氛围。这些创新方法能够突破时空限制，为学生提供身临其境的文化体验，大大提高学习效果和兴趣。

此外，教师还可以设计跨学科的文化教学项目，将语言学习与艺术、历史、地理等学科结合起来。例如，组织学生参与中国传统手工艺品的制作，在实践中学习相关词汇和文化知识；或者开展虚拟"丝绸之路"探索活动，让学生在模拟的历史场景中学习中国古代对外交流的历史。这种跨学科的教学方法不仅能够全面提升学生的语言和文化素养，还能培养他们的综合能力和创新思维。

二、文化交流的促进者

（一）营造跨文化交流氛围

在国际汉语教育中，教师不仅是知识的传授者，更是文化交流的促进者。营造良好的跨文化交流氛围是教师的重要责任之一。一个开放、包容、互相尊重的课堂环境能够激发学生的文化好奇心，鼓励他们主动探索中国文化，同时也为不同文化背景的学生提供交流平台。

教师可以通过多种方式营造跨文化交流氛围。首先，在课堂布置上，可以融入中国元素，如挂上中国书法作品、摆放中国传统工艺品等，创造一个视觉上的中国文化环境。其次，在课堂互动中，教师应该鼓励学生分享自己对中国文化的理解和感受，同时也要引导学生介绍自己国家的文化特色。这种双向交流不仅能够加深学生对中国文化的理解，还能培养他们的跨文化意识。

在组织课堂讨论时，教师需要特别注意创造平等、开放的氛围。每个学生的文化背景和观点都应得到尊重，教师要避免对某一种文化观点进行过度褒贬。当出现文化差异导致的误解或冲突时，教师应该及时介入，引导学生以理性、客观的态度进行分析和讨论。通过这种方式，学生不仅能够学习中国文化知识，还能提高跨文化沟通能力和文化敏感度。

（二）设计互动式文化体验活动

为了让学生更深入地体验中国文化，教师应该积极设计各种互动式文化体验活动。这些活动不仅能够增强学生的参与感和体验感，还能促进课堂内外的文化交流。教师可以根据教学内容和学生特点，设计多样化的文化体验活动。

例如，在学习中国传统节日文化时，教师可以组织学生模拟过春节的场景，包括贴春联、包饺子、守岁等活动。通过亲身参与，学生能够更直观地感受中国传统节日的氛围和内涵。在学习中国饮食文化时，教师可以组织烹饪课，让学生学习制作简单的中国菜肴。这不仅能够增进学生对中国饮食文化的理解，还能培养他们的动手能力和团队协作精神。

此外，教师还可以利用现代技术手段，设计一些虚拟的文化体验活动。例如，组织学生参与网上虚拟旅游，探索中国著名的文化景点；或者通过在线平台，与中国学生进行实时交流，直接了解中国年轻人的生活和思想。这些活动能够突破地理限制，为学生提供更广阔的文化体验空间。

在设计这些活动时，教师需要注意活动的趣味性和教育性的平衡。活动应该既能吸引学生参与，又能达到预期的教学目标。同时，教师还应该鼓励学生在活动中进行反思和总结，将文化体验转化为深层次的文化理解。

（三）培养学生的跨文化交际能力

作为文化交流的促进者，教师的一个重要责任是培养学生的跨文化交际能力。这种能力不仅包括语言交流技能，还涉及文化理解、换位思考、灵活应变等多个方面。在国际汉语教育中，培养学生的跨文化交际能力对于他们未来在跨文化环境中的学习、工作和生活都具有重要意义。

教师可以通过多种方式培养学生的跨文化交际能力。首先，在日常教学中，教师应该有意识地引导学生关注中国人的交际方式和礼仪习惯。例如，介绍中国人在不同场合的问候语、称呼方式、禁忌话题等。其次，教师可以设计一些模拟跨文化交际情境的角色扮演活动，让学生在实践中体验不同文化背景下的交流方式。

此外，教师还应该注重培养学生的文化敏感性和适应能力。可以通过分析中国文学作品、电影等文化产品，帮助学生理解中国人的思维方式和价值观念。同时，也要鼓励学生反思自己的文化背景，增强文化自觉意识。通过比较不同文化的异同，学生能够更好地理解文化差异，并在跨文化交际中做出恰当的调整。

在培养跨文化交际能力的过程中，教师应该特别注意避免文化刻板印象的形成。要引导学生认识到，每种文化都是多元化的，个体差异同样重要。教师可以通过介绍中国不同地区、不同群体的文化特点，帮助学生形成更加全面、客观的中国文化认知。

三、文化反思的引导者

（一）培养学生的文化批判性思维

作为国际汉语教育的教师，除了传播文化知识、促进文化交流外，还应该扮演文化反思的引导者角色。培养学生的文化批判性思维是这一角色的核心任务。文化批判性思维能够帮助学生更深入地理解文化现象，避免简单化、表面化的文化认知，从而形成更加成熟、理性的文化观。

教师可以通过多种方式培养学生的文化批判性思维。首先，在介绍中国文化现象时，教师应该引导学生思考这些现象背后的历史、社会和经济因素。例如，在讲解中国的家庭观念时，可以引导学生分析传统农业社会、儒家思想等因素对家庭观念形成的影响，以及这些观念在现代社会中的变迁。这种深入分析有助于学生理解文化现象的复杂性和动态性。

其次，教师应该鼓励学生对文化现象提出质疑和批评。在课堂讨论中，教师可以设置一些具有争议性的文化话题，引导学生从不同角度进行分析和辩论。例如，可以讨论中国传统文化中的某些观念在现代社会中是否仍然适用，或者探讨全球化背景下中国文化如何与其他文化交融。通过这种方式，学生能够学会用批判性的眼光看待文化现象，而不是简单地接受或拒绝。

此外，教师还应该引导学生反思自身文化。通过比较中国文化与学生本国文化，让学生意识到自己文化中的独特之处和局限性。这种文化自觉不仅有助于学生更好地理解中国文化，也能提高他们的跨文化敏感度。教师可以设计一些反思性的写作任务，让学生记录自己在学习中国文化过程中的思考和感悟，从而深化文化学习的效果。

（二）引导学生建立文化相对主义观点

在国际汉语教育中，培养学生建立文化相对主义观点是教师的重要责任。文化相对主义强调应该在特定的历史和社会背景下理解和评价文化现象，而不是用单一的标准来衡量所有文化。这种观点对于学生深入理解中国文化，以及在跨文化交流中保持开放和包容的态度至关重要。教师在引导学生建立文化相对主义观点时，需要采取循序渐进的方式，通过具体案例和实践活动来帮助学生内化这一理念。

首先，教师可以通过比较不同文化中的价值观念和行为方式，来展示文化的多样性。例如，在讨论中国的集体主义文化时，可以将其与西方的个人主义文化进行对比。教师需要强调，这两种文化取向都有其历史根源和社会功能，不能简单地判断孰优孰劣。通过这种比较，学生可以认识到，不同文化中的价值观念和行为方式都是在特定环境下形成的适应机制，都有其合理性和局限性。这种认识有助于学生摆脱文化中心主义的偏见，以更加开放和包容的态度看待文化差异。

其次，教师应该引导学生探讨文化现象背后的深层原因。对于一些可能引起学生误解或不适的中国文化现象，教师不应该简单地解释或辩护，而是应该鼓励学生深入思考这些现象产生的历史背景和社会条件。例如，在讨论中国的"面子"文化时，教师可以引导学生分析这一文化现象与中国传统社会结构、人际关系模式的联系，以及它在现代社会中的变迁。通过这种深入分析，学生可以理解文化现象的复杂性，避免对中国文化做出片面或简单化的判断。

（三）促进文化间的对话与理解

作为文化反思的引导者，教师还应该积极促进不同文化之间的对话与理解。在全球化背景下，文化间的交流与碰撞日益频繁，培养学生的跨文化对话能力变得尤为重要。教师需要创造机会，让学生参与到真实的跨文化对话中，体验文化交流的复杂性和挑战性，从而提高他们的跨文化理解能力和文化敏感度。

教师可以组织一些跨文化交流活动，如与中国学生进行在线交流，或者邀请不同文化背景的嘉宾参与课堂讨论。在这些活动中，教师应该鼓励学生主动表达自己的文化观点，同时也要引导他们倾听和理解他人的观点。当出现文化误解或冲突时，教师应该及时介入，帮助学生分析误解产生的原因，探讨化解文化冲突的方法。通过这种实践，学生可以真切地体会到跨文化对话的挑战和意义，培养他们在文化差异中寻找共识的能力。

此外，教师还可以引导学生反思自身在跨文化对话中的角色和责任。教师可以设计一些反思性的写作任务，让学生记录自己在跨文化交流中的体验和感悟，分析自己的文化偏见和局限性，探讨如何更好地进行跨文化沟通。通过这种自我反思，学生可以不断调整和改进自己的跨文化交流策略，逐步提高跨文化理解能力。

在促进文化间对话与理解的过程中，教师还应该注意培养学生的文化同理心。文化同理心是指能够站在他人的文化立场上理解和感受他人的能力。教师可以通过角色扮演、案例分析等方式，让学生尝试从不同文化背景人士的角度思考问题，体会他们的感受和观点。这种换位思考的能力对于化解文化冲突、促进文化理解具有重要作用。

第二节　教材中的文化元素与教学资源

在国际汉语教育中，教材是传播中国文化、培养学生跨文化能力的重要载体。优质的教材不仅要包含丰富的语言知识，还应该融入多元的文化元素，为学生提供全面、立体的中国文化图景。同时，教材还应该为教师提供丰富的教学资源，帮助教师更好地开展文化教学。本节将从教材中文化元素的选择与呈现、教材中的跨文化视角，以及教材配套资源的开发与利用三个方面，探讨如何充分发挥教材在文化教学中的作用。

一、教材中文化元素的选择与呈现

（一）文化元素的多元性与代表性

在选择教材中的文化元素时，首要考虑的是文化元素的多元性与代表性。教材应该涵盖中国文化的各个方面，包括物质文化、制度文化、行为文化和心理文化等。物质文化方面可以包括中国的饮食、服饰、建筑等；制度文化可以涉及中国的政治制度、教育制度、家庭制度等；行为文化可以介绍中国人的礼仪习惯、交际方式、生活方式等；心理文化则可以探讨中国人的价值观念、思维方式、审美情趣等。通过这种多元化的文化内容，学生可以获得全面、立体的中国文化认知。

在选择具体的文化元素时，还需要考虑其代表性和典型性。教材中的文化内容应该能够反映中国文化的核心特征和主要特点。例如，在介绍中国传统节日时，春节、端午节、中秋节等具有代表性的节日应该得到重点介绍。在选择现代文化元素时，也应该注意反映当代中国社会的发展变化，如城市化、互联网经济、环境保护等热点话题。这些具有代表性的文化元素不仅能够帮助学生快速把握中国文化的精髓，还能激发他们进一步探索中国文化的兴趣。

同时，教材中的文化元素还应该注意地域性和多样性。中国幅员辽阔，各地区的文化特色各不相同。教材应该适当呈现不同地区的文化特色，如北京的胡同文化、江南的园林文化、西北的丝绸之路文化等。通过展示中国文化的地域多样性，可以帮助学生形成更加全面、客观的中国文化认知，避免对中国文化的简单化和刻板印象。

（二）文化元素的层次性与递进性

在教材中呈现文化元素时，还需要考虑文化内容的层次性与递进性。根据学生的语言水平和文化认知程度，教材中的文化内容应该呈现出由浅入深、由表及里的递进关系。对于初级阶段的学习者，教材可以重点介绍一些具体、可感知的文化现象，如中国的传统节日、饮食习惯、日常礼仪等。这些直观、具体的文化内容容易理解和接受，可以快速激发学生的学习兴趣。

随着学生语言水平的提高和文化认知的深入，教材中的文化内容可以逐步深化，引入一些抽象的文化概念和复杂的文化现象。例如，可以介绍中国的哲学思想、文学艺术、社会制度等深层次的文化内容。这些内容虽然理解难度较大，但能够帮助学生深入把握中国文化的内在逻辑和精神内核。在介绍这些深层次文化内容时，教材应该提供足够的背景知识和解释说明，帮助学生逐步理解和消化。

此外，教材还应该注意文化内容的时代递进性。从古代文化到现代文化，从传统文化到流行文化，教材应该呈现出中国文化的历史演变过程。这种时代递进性不仅能够帮助学生理解中国文化的发展脉络，还能让学生认识到文化的动态性和变迁性。例如，在介绍中国的家庭观念时，可以从传统的大家庭制度讲起，然后介绍现代核心家庭的特点，最后探讨全球化背景下中国家庭观念的新变化。这种历时性的呈现方式能够帮助学生更全面、深入地理解中国文化。

（三）文化元素与语言学习的有机结合

在国际汉语教育的教材中，文化元素的呈现不应该是独立的、割裂的，而应该与语言学习有机结合。教材编写者需要巧妙地将文化内容融入语言教学中，使文化学习成为语言学习的自然延伸和深化。这种结合可以从以下几个方面考虑：

首先，可以通过语言材料本身传递文化信息。选择具有文化内涵的词汇、句子和篇章作为语言学习的素材，让学生在学习语言的过程中自然接触和了解中国文化。例如，在学习颜色词时，可以介绍中国传统色彩的象征意义；在学习称谓词时，可以介绍中国的家庭结构和人际关系特点。这种方式可以让文化学习成为语言学习的有机组成部分，提高学习效率和趣味性。

其次，可以设计一些专门的文化板块或专栏，系统介绍某些文化主题。这些文化板块可以与语言学习单元相呼应，深化和拓展语言学习的内容。例如，在学习"饮食"主题的语言单元后，可以设置一个专门介绍中国饮食文化的板块，包括中国的烹饪方法、饮食礼仪、地方特色菜等内容。这种方式可以帮助学生将零散的语言知识与系统的文化知识结合起来，形成更加完整的认知结构。

最后，教材中的练习和活动设计也应该注重语言和文化的结合。可以设计一些既能练习语言技能，又能加深文化理解的任务。例如，可以让学生用学过的语言结构描述自己国家的一个传统节日，然后与中国的相似节日进行比较。这种活动既能巩固语言知识，又能促进跨文化思考和交流。通过这种方式，学生可以在实际运用语言的过程中加深对文化的理解和体验。

二、教材中的跨文化视角

（一）文化对比与跨文化意识培养

在国际汉语教育的教材中，仅仅呈现中国文化是不够的，还需要引入跨文化视角，帮助学生在对比中理解中国文化，培养跨文化意识。教材应该为学生提供文化对比的机会，引导他们思考不同文化之间的异同，从而加深对中国文化的理解，同时也促进对自身文化的反思。

教材可以通过多种方式引入文化对比的内容。首先，可以在介绍中国文化现象时，适当引入其他文化中的类似现象进行对比。例如，在介绍中国的春节时，可以简要提及其他文化中的新年庆祝方式，让学生思考不同文化中新年庆祝的共性和差异。这种对比不应停留在表面现象，还应该引导学生思考这些差异背后的文化原因和社会背景。

其次，教材可以设置一些专门的跨文化对比板块或活动。例如，可以设计一些案例分析，让学生从不同文化背景人士的角度来解读某个文化现象或处理某个跨文化交际情境。这种活动可以帮助学生培养换位思考的能力，增强文化敏感性。同时，也可以设计一些开放性的讨论题，鼓励学生比较中国文化与自身文化的异同，分享自己的跨文化经历和感悟。

（二）跨文化交际策略的介绍与训练

除了培养跨文化意识，教材还应该为学生提供具体的跨文化交际策略和技巧。这些策略和技巧可以帮助学生更好地应对实际的跨文化交际情境，减少文化冲突和误解。教材中的跨文化交际策略介绍应该注重实用性和操作性，让学生能够在实际交际中灵活运用。

教材可以从以下几个方面介绍跨文化交际策略：首先，可以介绍一些基本的跨文化交际原则，如尊重文化差异、保持开放态度、避免先入为主的判断等。这些原则可以帮助学生建立正确的跨文化交际心态。其次，可以介绍一些具体的交际技巧，如如何正确解读非言语行为、如何委婉表达不同意见、如何处理文化禁忌话题等。这些技巧可以帮助学生更好地应对具体的跨文化交际情境。

教材还应该提供大量的实践机会，让学生在模拟的跨文化交际情境中练习这些策略和技巧。可以设计一些角色扮演活动，让学生模拟不同文化背景人士之间的交流，练习运用跨文化交际策略。例如，可以设计一个场景：中国留学生邀请外国朋友到家里做客，让学生分别扮演中国学生和外国朋友，练习如何解释中国的待客之道，如何处理可能出现的文化误解等。通过这种实践，学生可以更好地内化跨文化交际策略，提高实际应用能力。

此外，教材还应该引导学生反思和总结自己的跨文化交际经历。可以设置一些反思性的写作任务，让学生记录自己在跨文化交际中遇到的问题和挑战，分析成功或失败的原因，探讨改进的方法。这种反思可以帮助学生不断调整和完善自己的跨文化交际策略，形成个人化的跨文化交际风格。

（三）全球化背景下的文化视野

在当今全球化背景下，国际汉语教育的教材不仅要关注中国文化与学生母语文化之间的关系，还应该培养学生的全球文化视野。教材应该帮助学生认识到文化的多元性和互动性，理解中国文化在世界文化体系中的位置和作用，以及全球化对中国文化和其他文化的影响。

教材可以通过多种方式拓展学生的全球文化视野。首先，可以介绍一些中国文化与其他文化交流融合的案例，如丝绸之路上的文化交流，或者当代中国文化在海外的传播和接受情况。这些案例可以帮助学生理解文化交流的复杂性和动态性。其次，可以探讨一些全球性的文化现象或问题，如全球化对传统文化的影响、跨国企业的文化适应、国际化大都市的文化特征等。这些话题可以帮助学生从更宏观的角度思考文化问题。

教材还可以引入一些跨文化比较的视角，不仅比较中国文化与学生的母语文化，还可以引入第三种或更多种文化进行多元比较。例如，在讨论教育观念时，可以比较中国、西方和伊斯兰文化圈的教育理念，让学生认识到文化差异的复杂性和多样性。这种多元比较可以帮助学生跳出二元对立的思维模式，形成更加开放和包容的文化态度。

此外，教材还应该关注全球化背景下的文化认同问题。可以探讨在跨文化环境中如何保持文化认同，如何处理多元文化认同，以及如何在尊重文化多样性的同时促进文化间的理解和融合。这些话题可以帮助学生思考自己在全球化背景下的文化定位，培养他们的全球公民意识。

三、教材配套资源的开发与利用

（一）多媒体资源的开发与整合

在数字化时代，国际汉语教育的教材不应局限于传统的纸质形式，而应该充分利用多媒体技术，开发丰富的配套资源。多媒体资源可以为文化教学提供更加直观、生动的呈现方式，增强学习的趣味性和交互性。教材编写者应该注重多媒体资源的开发与整合，为教师和学生提供全方位的学习支持。

首先，教材可以开发音视频资源，如文化专题的纪录片、名人访谈、文化景点的虚拟导览等。这些资源可以为学生提供更加直观、生动的文化体验，弥补纸质教材在文化呈现上的局限性。例如，在介绍中国传统建筑时，可以提供一段故宫的虚拟导览视频，让学生身临其境地感受中国古代宫殿的宏伟和精美。

其次，可以开发一些交互式的数字学习资源，如文化知识小游戏、虚拟情境对话练习等。这些资源可以提高学生的学习兴趣，增强文化学习的互动性。例如，可以设计一个虚拟的中国城市探索游戏，让学生在游戏中学习中国的城市文化和生活方式。

此外，还可以开发一些在线学习平台或移动应用，整合各种学习资源，为学生提供个性化的学习体验。这些平台可以根据学生的学习进度和兴趣推荐相应的学习内容，还可以提供在线互动和评估功能，帮助学生更好地掌握文化知识。

在开发这些多媒体资源时，应该注意与纸质教材内容的衔接和互补。多媒体资源不应该是简单的教材内容重复，而应该是对教材内容的拓展和深化。同时，还应该考虑资源的适用性和可访问性，确保不同地区、不同设备条件下的学生都能方便地使用这些资源。

（二）真实语料的收集与应用

在国际汉语教育中，使用真实语料对于提高文化教学的真实性和有效性具有重要意义。教材编写者应该注重收集和整理各种真实的语言材料和文化资料，为教师和学生提供丰富的学习资源。这些真实语料可以包括新闻报道、文学作品、网络文章、社交媒体帖子、广告、公共标识等各种形式。

在收集真实语料时，应该注意材料的多样性和代表性。应该涵盖不同地区、不同社会群体、不同语言使用场景的材料，以反映中国文化的多样性和复杂性。同时，还应该注意材料的时效性，定期更新语料库，以反映中国社会和文化的最新变化。

在应用真实语料时，教材编写者需要对原始材料进行适当的加工和处理。首先，需要根据学生的语言水平对语料进行难度筛选和必要的语言简化。其次，需要为语料提供必要的背景说明和注释，帮助学生理解语料中的文化内涵。此外，还需要设计一些配套的学习任务和活动，引导学生深入分析和探讨语料中的文化信息。

教材可以通过多种方式呈现和利用真实语料。例如，可以在每个单元中设置一个"文化阅读"板块，选取一篇与单元主题相关的真实文章或文学作品节选，并配以理解问题和讨论题。也可以设置一个"热点话题"栏目，定期更新一些反映中国社会热点问题的新闻报道或评论文章，引导学生讨论当代中国社会的变迁。

此外，教材还可以鼓励学生自主收集和分析真实语料。可以设置一些研究性学习任务，让学生自己搜集某个文化主题的相关材料，进行分析和报告。这种方式可以培养学生的自主学习能力和文化研究能力，同时也能让教材内容与学生的兴趣和需求更好地结合。

（三）教师指导手册的编写与使用

教师指导手册是教材的重要配套资源，对于帮助教师更好地利用教材进行文化教学具有关键作用。一本优质的教师指导手册不仅应该提供具体的教学建议和活动设计，还应该帮助教师深化对文化教学的理解，提高文化教学能力。

教师指导手册的编写应该注重以下几个方面：首先，应该提供每个教学单元的文化教学目标和重点，帮助教师明确教学方向。其次，应该为每个文化主题提供丰富的背景知识和拓展资料，帮助教师拓展文化视野，应对学生可能提出的各种问题。再次，应该提供多样化的教学活动建议和课堂管理技巧，帮助教师设计生动有趣的文化课堂。

此外，教师指导手册还应该注重培养教师的文化教学反思能力。可以在手册中设置一些反思性问题，引导教师思考文化教学中可能遇到的挑战和解决方案。也可以提供一些案例分析，展示不同文化教学情境下的教学策略，帮助教师积累教学经验。

在使用教师指导手册时，教师应该注意灵活运用，而不是机械执行。教师应该根据具体的教学对象和教学环境，对手册中的建议进行适当的调整和创新。同时，教师也应该注意将自己的教学实践与手册中的建议进行对比反思，不断提高自己的文化教学能力。

教材编写者还可以考虑开发教师指导手册的在线版本或移动应用，方便教师随时查阅和使用。可以在在线平台上建立教师交流社区，鼓励教师分享自己的教学经验和创新做法，实现教师之间的互动学习。这种方式可以使教师指导手册成为一个动态更新、不断丰富的资源库，为教师提供持续的专业支持。

第三节　文化教学的策略、技巧与方法

在国际汉语教育中，文化教学是一项复杂而富有挑战性的工作。它不仅需要教师具备丰富的文化知识，还要掌握有效的教学策略和方法。本节将从文化导入与激发学习兴趣、文化知识的深化与内化、文化体验与实践活动的设计三个方面，探讨如何开展有效的文化教学。

一、文化导入与激发学习兴趣

（一）文化主题的选择与呈现

文化教学的第一步是选择适当的文化主题并以恰当的方式呈现给学生。教师在选择文化主题时，应该考虑学生的语言水平、文化背景和兴趣爱好，选择既能引起学生兴趣，又能体现中国文化特色的主题。同时，教师还需要考虑文化主题的时代性和代表性，既要涵盖传统文化，也要反映当代中国的发展变化。

在呈现文化主题时，教师可以采用多种方式来吸引学生的注意力。例如，可以使用视觉冲击力强的图片或视频作为导入，直观地展示中国文化的特色。比如，在介绍中国传统节日时，可以播放一段热闹的春节庆祝视频，让学生感受节日的氛围。教师也可以使用一些有趣的文化小故事或趣闻轶事作为切入点，激发学生的好奇心。例如，在讲解中国的茶文化时，可以先讲述"卢仝七碗茶"的故事，引导学生思考茶在中国文化中的重要地位。

此外，教师还可以通过设置悬念或提出问题的方式来引导学生进入文化主题。例如，在讲解中国的风水文化时，可以先问学生："你们觉得房子的朝向会影响人的运气吗？"通过这种方式，可以激发学生的思考，引导他们主动探索文化主题。教师还可以利用学生已有的文化知识或经验作为切入点，建立新旧知识之间的联系。比如，在介绍中国的饮食文化时，可以先让学生分享他们对中国菜的印象和体验，然后逐步深入探讨中国饮食文化的内涵和特点。

（二）多媒体技术的运用

在数字化时代，合理运用多媒体技术可以大大提高文化教学的效果。多媒体技术不仅可以为学生提供更加直观、生动的文化体验，还能增强课堂的互动性和趣味性。教师应该积极探索多媒体技术在文化教学中的应用，但同时也要注意避免技术使用过度而喧宾夺主的情况。

教师可以利用图片、音频、视频等多媒体资源来丰富文化教学内容。例如，在介绍中国传统音乐时，可以播放一段古琴演奏视频，让学生直观感受中国音乐的韵味。在讲解中国书法艺术时，可以使用动画演示汉字的笔顺和结构，帮助学生理解汉字书写的美感。教师还可以利用虚拟现实（VR）技术，带领学生"漫步"在中国的名胜古迹中，体验中国建筑的宏伟和精美。

此外，教师还可以利用一些互动性强的数字工具来增强课堂参与度。例如，可以使用在线问答工具进行实时互动，检测学生对文化知识的掌握程度。也可以使用数字白板工具，让学生参与到文化元素的创作中，如设计中国风的图案或书写汉字。教师还可以利用社交媒体平台，让学生分享他们在日常生活中发现的中国文化元素，促进课堂内外的文化学习。

然而，教师在使用多媒体技术时也要注意把握尺度。技术应该服务于教学目标，而不是喧宾夺主。教师需要精心设计多媒体资源的使用方式，确保每个环节都能促进学生对文化知识的理解和内化。同时，也要注意照顾到不同学生的学习风格和需求，适当保留一些传统的教学方法，如面对面的讨论和交流。

（三）文化比较与联系生活实际

为了激发学生的学习兴趣，教师可以采用文化比较的方法，引导学生在比较中发现中国文化的特点。通过对比学生熟悉的本国文化与中国文化，可以帮助学生更好地理解和记忆文化知识，同时也能培养学生的跨文化思维能力。

在进行文化比较时，教师应该注意避免简单化。比较的目的不是判断孰优孰劣，而是帮助学生认识到文化的多样性和每种文化的独特价值。例如，在比较中西方的饮食文化时，可以讨论筷子和刀叉这两种不同的餐具背后反映的文化理念和生活方式。教师可以引导学生思考：为什么中国人更倾向于使用筷子？这与中国的饮食结构、社交礼仪有什么关系？通过这种深入的比较和思考，学生可以更好地理解文化差异的根源。

此外，教师还应该注意将文化知识与学生的生活实际相联系，让学生感受到文化学习的实用性和意义。教师可以鼓励学生分享他们在日常生活中接触到的中国文化元素，如中国餐馆、唐人街、中国商品等。通过这种方式，学生可以意识到中国文化在全球化背景下的影响力，增强学习的动力。

教师还可以设计一些实践性的任务，让学生将所学的文化知识应用到实际生活中。例如，在学习中国的礼仪文化后，可以让学生模拟一个中西方商务会谈的场景，练习如何恰当地运用中国礼仪。或者在学习中国的节日文化后，可以组织学生策划一个中国文化节活动，让他们将所学知识转化为实际行动。这种将文化知识与生活实践相结合的方法，可以让学生更深刻地体会到文化学习的价值和意义。

二、文化知识的深化与内化

（一）文化背景知识的补充与拓展

在国际汉语教育中，仅仅介绍表面的文化现象是不够的，教师还需要为学生补充必要的文化背景知识，帮助他们深入理解文化现象背后的历史、社会和思想基础。这种深层次的文化教学可以帮助学生形成更加全面、系统的文化认知，避免对中国文化的片面理解或误解。

在补充文化背景知识时，教师可以采用多种方法。首先，可以通过讲故事的方式引入历史背景。例如，在介绍中国的传统节日时，可以讲述与节日起源相关的历史传说或民间故事，帮助学生理解节日的文化内涵。其次，教师可以使用图表、时间线等可视化工具，帮助学生梳理复杂的历史脉络或社会结构。例如，在讲解中国的家族制度时，可以使用家谱图来展示中国传统家族的结构和称谓系统。

此外，教师还可以引入一些经典文献或名言警句，帮助学生理解中国文化的核心理念。例如，在讲解中国的教育观念时，可以引用"不以规矩，不能成方圆"等经典名句，解释中国传统教育中对规矩和纪律的重视。教师还可以鼓励学生阅读一些经典文学作品的节选，如《论语》《道德经》等，让学生直接接触中国传统思想的源头。

在拓展文化知识时，教师应该注意将传统文化与当代社会发展相结合，帮助学生理解文化的延续性和变迁性。例如，在讲解中国的孝道文化时，不仅要介绍传统的孝道观念，还要讨论现代社会中孝道观念的新表现和新挑战，如空巢老人问题、养老保险制度等。这种联系古今的教学方法可以帮助学生更好地理解文化的动态性，避免对中国文化形成固化的印象。

（二）批判性思维的培养

在文化教学中，培养学生的批判性思维能力是非常重要的。教师应该鼓励学生对文化现象进行深入思考和分析，而不是简单地接受或拒绝。通过培养批判性思维，可以帮助学生形成更加客观、理性的文化认知，同时也能提高他们的跨文化理解能力。

教师可以通过多种方式培养学生的批判性思维。首先，可以设置一些开放性的问题，鼓励学生从不同角度思考文化现象。例如，在讨论中国的"关系"文化时，可以提出这样的问题："你认为'关系'文化对中国社会的发展有哪些积极和消极影响？"这种问题可以引导学生全面思考文化现象的复杂性。

其次，教师可以组织辩论活动，让学生就某些有争议的文化话题进行讨论。例如，可以就"中国应该继续使用简体字还是回归繁体字"这一话题展开辩论。通过辩论，学生可以学会从不同角度看待问题，理解文化现象的多面性。

教师还可以鼓励学生进行跨文化案例分析。可以提供一些跨文化交流中的失误案例，让学生分析其中的文化冲突原因，并提出可能的解决方案。通过这种案例分析，学生可以学会用更加全面、深入的视角看待文化差异。

在培养批判性思维的过程中，教师应该注意营造开放、包容的课堂氛围，鼓励学生大胆表达自己的观点，同时也要尊重不同的声音。教师应该引导学生理性讨论，避免情绪化的争论，培养他们用事实和逻辑支持自己观点的能力。

（三）文化知识的系统化与结构化

为了帮助学生更好地内化文化知识，教师需要注意文化知识的系统化和结构化。零散的文化知识点难以形成完整的文化认知，教师应该帮助学生建立起系统的文化知识框架，理解不同文化元素之间的联系。

教师可以采用概念图或思维导图的方法，帮助学生梳理复杂的文化概念和关系。例如，在介绍中国传统节日时，可以制作一个以"节日"为中心的思维导图，包括各个节日的名称、时间、习俗、食物等信息，帮助学生形成整体认知。教师还可以引导学生自己绘制这样的思维导图，这个过程本身就是对文化知识的整理和内化。

此外，教师可以采用主题式教学法，将相关的文化知识点围绕某个主题进行整合。例如，可以以"家庭"为主题，整合中国的家族制度、家庭伦理、家庭教育、家庭节日等内容，帮助学生全面理解中国的家庭文化。这种主题式教学可以帮助学生建立知识之间的联系，形成系统的文化认知。

教师还可以引导学生建立文化知识的层次结构。例如，可以将中国文化分为物质文化、制度文化、行为文化和心理文化等层次，帮助学生理解不同层次文化现象之间的关系。在介绍具体文化现象时，可以引导学生思考这个现象属于哪一层次，以及它与其他层次的文化现象有什么联系。这种层次化的认知可以帮助学生更深入地理解文化的内在逻辑。

在进行知识系统化和结构化的过程中，教师还应该注意文化知识的更新和补充。中国文化是不断发展变化的，教师应该及时关注当代中国社会的新变化，将新的文化现象和观念纳入教学内容，帮助学生形成动态的文化认知。

三、文化体验与实践活动的设计

（一）文化体验活动的组织与实施

文化体验活动是文化教学中非常重要的一个环节，它能够让学生通过亲身参与来深入理解和感受中国文化。教师应该精心设计和组织各种文化体验活动，为学生提供沉浸式的文化学习机会。这些活动不仅可以加深学生对文化知识的理解，还能培养他们的文化实践能力和跨文化交际能力。

教师可以设计多种类型的文化体验活动。例如，可以组织中国传统手工艺制作活动，如剪纸、书法、国画等。在这些活动中，学生不仅可以学习具体的技艺，还能体会中国传统艺术的审美观念和文化内涵。教师可以邀请专业的艺术家来指导学生，或者利用在线教学资源，让学生跟随视频教程学习。

此外，教师还可以组织中国传统节日的庆祝活动。例如，在春节期间，可以组织学生装饰教室，贴春联，包饺子，进行年夜饭聚餐等活动。通过亲身参与这些传统习俗，学生可以更深刻地体会中国人的节日文化和家庭观念。在组织这类活动时，教师应该注意解释每个习俗的文化含义，让学生不只是机械地模仿，而是真正理解其中的文化内涵。

教师还可以设计一些角色扮演活动，让学生模拟中国的社交场景。例如，可以模拟中国的商务宴请场景，让学生练习中国的餐桌礼仪和商务社交技巧。或者模拟中国的家庭场景，让学生扮演不同的家庭成员，体验中国家庭的人际关系和交流方式。这些角色扮演活动可以帮助学生将所学的文化知识应用到实际情境中，提高他们的文化应用能力。

在组织这些文化体验活动时，教师需要注意以下几点：首先，要确保活动的安全性和可行性，特别是一些需要使用工具或器材的活动，要做好安全预案。其次，要考虑到学生的文化背景和接受能力，避免设计一些可能引起文化冲突或不适的活动。再次，要在活动中融入语言学习元素，如介绍相关的词汇和表达方式，让学生在文化体验的同时也能提高语言能力。最后，要在活动后组织反思和讨论，引导学生总结自己的体验和感悟，深化对文化的理解。

（二）线上文化体验活动的设计

在当今数字化时代，特别是在一些无法进行面对面教学的情况下，设计有效的线上文化体验活动变得尤为重要。教师需要充分利用各种数字工具和平台，为学生创造虚拟的文化体验环境。

一种有效的方式是利用虚拟现实（VR）或增强现实（AR）技术。教师可以使用VR技术带领学生"参观"中国的名胜古迹，如长城、故宫等。通过这种虚拟旅游，学生可以身临其境地感受中国的历史文化遗产。同样，AR技术可以用来展示中国的传统工艺品制作过程，让学生在现实环境中体验虚拟的文化制作过程。

另一种方式是利用在线互动平台进行实时文化交流。教师可以组织学生与中国的学生进行视频连线，进行语言交换和文化交流。例如，可以安排中国学生介绍自己的日常生活，或者共同讨论一些文化话题。这种直接的跨文化交流可以让学生获得第一手的文化体验，增进对当代中国社会的了解。

教师还可以利用社交媒体平台开展一些文化挑战活动。例如，可以发起一个"中国美食挑战"，鼓励学生在家尝试制作中国菜，并在社交平台上分享自己的成果。或者组织一个"汉字书写挑战"，让学生练习书写汉字，并在线展示自己的作品。这些活动不仅能增加学习的趣味性，还能促进学生之间的互动和交流。

此外，教师可以利用在线游戏或模拟平台创造虚拟的文化体验环境。例如，可以设计一个虚拟的中国城市探索游戏，让学生在游戏中学习中国的城市文化和生活方式。或者使用一些语言学习App中的文化模块，让学生通过互动的方式学习中国的礼仪、习俗等。

在设计这些线上文化体验活动时，教师需要注意以下几点：首先，要确保技术的可访问性，考虑到不同学生的设备条件和网络环境。其次，要设计明确的学习目标和评估方式，确保学生能够从这些虚拟体验中获得实质性的文化学习。再次，要注意活动的互动性和参与度，避免学生成为被动的信息接收者。最后，要注意保护学生的隐私和数据安全，特别是在使用社交媒体平台时。

（三）文化项目学习的设计与实施

文化项目学习是一种非常有效的文化教学方法，它可以让学生通过完成一个综合性的项目来深入学习和研究某个文化主题。这种方法不仅可以帮助学生系统化地学习文化知识，还能培养他们的研究能力、协作能力和创新能力。

教师可以设计各种类型的文化项目。例如，可以组织学生制作一本"中国文化指南"，让不同的小组负责不同的文化主题，如饮食、节日、艺术等，最后汇编成一本完整的指南。或者可以让学生设计一个"中国文化展览"，每个学生或小组负责一个展台，展示中国文化的不同方面。这种项目可以培养学生的策划能力和表达能力。

另一种项目可以是"中国文化影像记录"，鼓励学生使用摄影或视频记录他们所在城市的中国文化元素，如唐人街、中国餐馆、中国文化活动等，并制作成一个短片或照片集。这种项目可以让学生更加关注身边的中国文化，培养他们的观察力和文化敏感度。

教师还可以设计一些跨学科的文化项目。例如，可以结合历史、地理、艺术等学科，让学生设计一条"新丝绸之路"旅游路线。学生需要研究古代丝绸之路的历史，了解沿线国家的地理和文化特点，并设计一个现代的旅游路线。这种项目可以帮助学生从多个角度理解中国文化与世界文化的联系。

在实施文化项目学习时，教师需要注意以下几点：首先，要明确项目的学习目标和评估标准，让学生知道他们需要完成什么，以及如何评判项目的质量。其次，要为学生提供必要的指导和资源，包括相关的参考资料、研究方法指导等。再次，要鼓励学生的自主性和创造性，让他们有机会发挥自己的特长和兴趣。最后，要安排项目成果的展示和交流，让学生有机会分享自己的学习成果，并从其他同学那里学习。

通过这些多样化的文化体验和实践活动，学生可以将抽象的文化知识转化为具体的文化体验，加深对中国文化的理解和认同。这些活动不仅能够提高学生的学习兴趣和动力，还能培养他们的文化实践能力和跨文化交际能力，为他们未来在跨文化环境中的学习和工作奠定基础。

第四节 课堂中的文化融入与活动设计

在国际汉语教育中，文化教学不应该是孤立的知识传授，而应该巧妙地融入日常的语言教学中。本节将探讨如何在课堂教学的各个环节中融入文化元素，以及如何设计有效的文化教学活动，从而实现语言与文化的有机结合，提高学生的文化素养和跨文化交际能力。

一、语言教学中的文化融入

（一）词汇教学中的文化导入

词汇是语言的基本单位，也是文化的载体。在词汇教学中融入文化元素，不仅可以帮助学生更好地理解和记忆词汇，还能让他们深入了解词汇背后的文化内涵。教师可以从以下几个方面着手：

首先，可以注重文化负载词的教学。文化负载词是指那些具有特定文化内涵的词汇，如"龙""福""孝"等。在教授这些词时，教师不应仅仅给出字面意思，还应该详细解释其文化背景和象征意义。例如，在教授"龙"这个词时，可以介绍龙在中国文化中的地位和象征意义，以及与之相关的成语和习语。这样可以帮助学生理解中国人的文化心理和价值观念。

其次，可以关注词语的文化差异。有些词语在不同文化中可能有不同的含义或联想。教师应该引导学生注意这些差异，避免文化误解。例如，在教授颜色词时，可以解释不同颜色在中国文化中的象征意义，如红色代表喜庆，白色在某些场合代表哀悼等。这种比较可以帮助学生建立跨文化意识。

再次，可以通过词语的演变历史介绍文化变迁。许多词语的意义和用法随着时间的推移而发生变化，这些变化往往反映了社会文化的变迁。教师可以选择一些典型的词语，介绍其意义的历史变化，帮助学生理解中国社会的发展。例如，可以介绍"同志"一词从革命时期到现代的意义变化，反映中国社会观念的演变。

此外，教师还可以利用词语的构词特点引入文化知识。汉字的构词方式反映了中国人的思维方式和文化观念。例如，在教授家庭成员称谓时，可以通过分析"伯父""叔父"等词的构成，解释中国传统家庭的辈分观念和称谓系统。

（二）语法教学中的文化渗透

语法教学看似是最难融入文化元素的部分，但实际上许多语法现象都与文化有着密切的联系。教师可以通过以下方式在语法教学中渗透文化内容：

首先，可以探讨语法现象背后的文化原因。例如，在教授"把"字句时，可以解释这种句式反映了中国人的思维方式——强调对事物的处置和控制。又如，在教授"了"的用法时，可以讨论中国人对时间的线性vs.完成体的认知方式。这种解释可以帮助学生更深入地理解语法规则，同时也能了解中国人的思维特点。

其次，可以通过文化情境来展示语法的使用。在设计语法练习时，教师可以创设具有中国文化特色的情境。例如，在练习比较句时，可以让学生比较中国不同菜系的特点；在练习条件句时，可以设计有关中国传统节日习俗的对话。这样不仅可以让语法练习更加生动有趣，还能自然地引入文化知识。

再次，可以利用成语和谚语来强化语法概念。许多中国成语和谚语不仅包含丰富的文化内涵，还能很好地展示某些语法结构。例如，可以用"一分耕耘，一分收获"来讲解平行结构，"不到长城非好汉"来讲解双重否定等。通过这种方式，学生不仅能更好地理解和记忆语法规则，还能学习到常用的成语和谚语。

此外，教师还可以通过对比法来突出中国语法的文化特点。例如，可以比较中文和学生母语在表达时间、数量等方面的差异，探讨这些差异背后的文化原因。这种对比不仅能帮助学生更好地掌握中文语法，还能提高他们的语言文化意识。

（三）语篇教学中的文化解读

在进行语篇教学时，教师有更多的空间来融入文化内容。无论是阅读教学还是听力教学，都可以选择富有文化内涵的材料，并通过深入解读来传授文化知识：

首先，在选择教学材料时，应该优先考虑那些能反映中国文化特色的文本。这可以包括描写中国风俗习惯的文章、反映中国社会现状的新闻报道、体现中国价值观的故事等。例如，可以选择描写春节习俗的文章，既可以训练学生的阅读能力，又能让他们了解中国最重要的传统节日。

其次，在进行文本分析时，教师应该引导学生关注文本中的文化信息。这不仅包括显性的文化知识，如具体的风俗习惯或历史事件，还包括隐含的文化观念和价值取向。例如，在阅读一篇关于中国家庭的文章时，除了理解字面内容，还应该引导学生思考文章反映了怎样的家庭观念和代际关系。

再次，教师可以设计一些文化解读任务，鼓励学生深入思考文本的文化内涵。例如，可以让学生分析文本中的人物行为是否符合中国的文化规范，或者探讨文本中反映了哪些中国的传统价值观。这种任务可以培养学生的文化分析能力和批判性思维。

此外，教师还可以鼓励学生将文本内容与自身文化进行对比。例如，在学习一篇描述中国教育方式的文章后，可以让学生比较中国和本国的教育理念和方法。这种跨文化对比可以帮助学生更深入地理解中国文化，同时也能培养他们的跨文化意识。

在听力教学中，教师可以选择一些反映中国日常生活场景的对话材料，如在餐厅点菜、在商场购物等。在听力练习之后，教师可以引导学生讨论对话中体现的中国社交礼仪和行为规范。这样不仅可以提高学生的听力理解能力，还能让他们了解中国人的日常交际方式。

二、文化教学活动的设计与实施

（一）文化主题讨论活动

组织文化主题讨论是一种很好的文化教学方法，它不仅可以深化学生对文化知识的理解，还能培养他们的批判性思维和跨文化交际能力。教师可以根据学生的语言水平和兴趣，选择适当的文化主题进行讨论。以下是一些设计和实施文

化主题讨论活动的建议:

首先,选择合适的讨论主题。主题应该既能反映中国文化的特色,又能引起学生的兴趣和思考。例如,可以选择"中国的独生子女政策及其影响""中国的网络文化""中国的城市化进程"等具有现实意义的话题。对于较低水平的学生,可以选择一些更具体、易于理解的主题,如"中国的饮食文化""中国的传统节日"等。

其次,提供必要的背景信息和讨论框架。在讨论开始前,教师应该为学生提供一些基本的背景知识,以确保他们有足够的信息来参与讨论。这可以通过预先阅读材料、观看相关视频或教师的简短讲解来实现。同时,教师也应该提供一些讨论的引导性问题或框架,帮助学生组织思路。

再次,鼓励多角度思考。教师应该引导学生从不同角度看待文化现象,避免简单化。例如,在讨论中国的"面子"文化时,可以引导学生思考:面子文化的积极和消极影响是什么? 它在现代社会中是如何变化的? 不同地区或群体对面子的看法有什么不同? 这种多角度的思考可以帮助学生形成更加全面、客观的文化认知。

此外,促进跨文化比较。教师可以鼓励学生将中国文化与自己的文化背景进行对比,思考两种文化在特定问题上的异同。这种比较不是为了判断孰优孰劣,而是为了增进文化理解,培养跨文化思维。例如,在讨论中国的教育制度时,可以让学生比较中国和自己国家的教育理念和方法,探讨各自的优缺点。

最后,注意讨论的互动性和包容性。教师应该创造一个开放、包容的讨论环境,鼓励每个学生都积极参与,表达自己的观点。可以采用小组讨论、辩论、角色扮演等多种形式来增加互动性。同时,教师也要注意引导学生用礼貌、尊重的方式表达不同意见,培养他们的跨文化交际能力。

(二)文化体验与模拟活动

文化体验和模拟活动可以为学生提供"身临其境"的文化学习体验,是很有效的文化教学方法。这类活动可以帮助学生将抽象的文化知识转化为具体的体验，加深理解和记忆。以下是一些设计和实施文化体验与模拟活动的建议：

首先，选择适当的文化主题和形式。活动主题应该能够代表中国文化的特色，同时也要考虑到可操作性和学生的接受能力。活动形式可以多样化，如角色扮演、文化制作、文化游戏等。例如，可以组织一次"中国茶艺"体验活动，让学生学习泡茶的步骤和礼仪；或者设计一个"中国传统婚礼"的角色扮演活动，让学生体验中国婚礼的流程和习俗。

其次，提供必要的文化背景知识。在活动开始前，教师应该为学生介绍相关的文化背景知识，包括活动中涉及的习俗、礼仪、象征意义等。这些知识可以帮助学生更好地理解和参与活动。例如，在组织包饺子活动之前，可以先介绍饺子在中国文化中的意义，以及不同地区包饺子的习俗。

再次，注重过程中的文化解释。在活动进行过程中，教师应该及时解释各个环节的文化含义，帮助学生理解他们正在体验的文化元素。例如，在模拟中国的拜年活动时，教师可以解释不同拜年用语的含义，以及送礼、接礼的礼仪等。

此外，鼓励学生反思和分享。活动结束后，教师应该引导学生反思自己的体验，分享感受和想法。可以让学生讨论：这个文化习俗给你留下了什么印象？你觉得它反映了中国文化的哪些特点？你的文化中有类似的习俗吗？这种反思和分享可以帮助学生深化对文化的理解，同时也能培养他们的跨文化思维能力。

最后，注意活动的安全性和文化敏感性。在设计和实施活动时，要确保活动的安全，特别是一些涉及制作或操作的活动。同时，也要注意活动的文化敏感性，避免设计一些可能引起文化冲突或不适的内容。

（三）文化项目学习

文化项目学习是一种综合性的文化教学方法，它要求学生在一段时间内深入研究某个文化主题，并最终完成一个项目成果。这种方法可以培养学生的研究能力、创新能力和协作能力，同时也能让他们对某个文化主题形成深入、系统的认识。以下是一些设计和实施文化项目学习的建议：

首先，选择合适的项目主题。主题应该既能体现中国文化的特色，又能引起学生的兴趣，同时还要考虑到可研究性和资料的可获得性。例如，可以选择"中国的传统节日""中国的饮食文化""中国的传统艺术"等宏观主题，也可以选择"茶文化""京剧""中国园林"等较为具体的主题。

其次，明确项目目标和要求。教师应该清晰地告诉学生项目的具体目标，包括要研究的问题、需要完成的任务、最终的呈现形式等。例如，如果项目主题是"中国的饮食文化"，可以要求学生研究不同地区的特色菜系，探讨饮食习惯背后的文化原因，最后制作一本"中国美食指南"。

再次，提供必要的指导和资源。虽然项目学习强调学生的自主性，但教师仍然需要提供必要的指导和支持。这包括推荐研究方法和资料来源，定期检查进度并提供反馈，帮助学生解决研究过程中遇到的问题等。教师可以为学生提供一些可靠的中文网站、图书资料，或者安排与相关文化专家的访谈等。

此外，鼓励多样化的研究方法和呈现形式。教师应该鼓励学生采用多种研究方法，如文献研究、实地考察、采访等，以获得全面、深入的文化认识。在项目成果的呈现上，也可以鼓励学生发挥创意，可以是研究报告、多媒体演示、实物制作、表演等多种形式。

最后，重视成果展示和交流。项目完成后，教师应该为学生提供展示和分享的机会。可以组织一个"中国文化展"活动，让学生展示自己的研究成果，并与其他同学交流学习心得。这个过程不仅可以让学生总结自己的学习，也能从其他同学的项目中学到新的文化知识。

通过这些多样化的文化教学活动，教师可以将文化元素自然地融入语言教学中，创造生动、有趣的文化学习环境。这不仅可以提高学生的学习兴趣和动机，还能帮助他们形成更加全面、深入的文化理解，培养他们的跨文化交际能力。在设计和实施这些活动时，教师需要根据学生的语言水平、文化背景和学习需求进行适当的调整，确保活动既有挑战性，又不会超出学生的能力范围。同时，教师也应该注意将这些活动与语言学习目标相结合，实现语言和文化的有机融合。

第三章　跨文化交流中的挑战与应对

第一节 语言障碍与文化误解的应对策略

在跨文化交流中，语言障碍和文化误解是两个最常见也最棘手的问题。它们不仅会造成交流的困难，还可能导致严重的误会甚至冲突。因此，掌握应对这些挑战的有效策略至关重要。

一、提高语言能力

（一）系统学习目标语言

要克服语言障碍，最根本的方法就是系统地学习目标语言。这不仅包括词汇和语法的学习，还应该涉及语音、语调、习语等多个方面。学习者需要制订长期的学习计划，坚持日常练习。可以通过多种渠道来学习，如参加正规的语言课程、使用语言学习软件、观看目标语言的影视作品等。在学习过程中，应该注重实际运用，而不仅仅是死记硬背。可以尝试与母语者交流，参加语言交换活动，或者加入相关的在线社区。通过实践，不断提高自己的语言表达能力和理解能力。同时，要培养对语言的敏感度，注意不同场合下的用语差异，以及语言中蕴含的文化内涵。

（二）使用辅助工具

在语言能力尚未完全掌握的阶段，可以适当使用一些辅助工具来帮助交流。常用的工具包括电子词典、翻译软件、手势语言等。使用这些工具时要注意几点：一是不要过度依赖，应该将其作为辅助手段，而不是主要交流方式；二是要选择可靠的工具，特别是在使用翻译软件时，要注意检查翻译结果的准确性；三是要灵活运用，根据具体情况选择最合适的工具。例如，在正式场合可能更适合使用纸质词典或专业翻译设备，而在日常生活中，使用智能手机上的翻译APP可能更加便捷。此外，还可以准备一些常用短语的卡片或小册子，以备不时之需。

（三）培养非语言交流能力

语言交流只是人际沟通的一种方式，在跨文化环境中，非语言交流的重要性尤为突出。要学会运用表情、手势、肢体语言等非语言方式来辅助交流。这不仅可以弥补语言表达的不足，还能增加交流的生动性和亲和力。同时，也要学会解读他人的非语言信息，包括面部表情、眼神接触、身体姿势等。要注意，不同文化中非语言表达的含义可能存在差异，因此在使用和理解非语言交流时要格外谨慎，避免造成误解。培养这种能力需要长期的观察和练习，可以通过观看目标文化的影视作品，参与文化交流活动等方式来提高。

就现阶段我国汉语国际教育的发展现状而言，仍然存在着一系列阻碍文化交流发展的因素，从个人层面角度出发，跨文化交流的发展面临着"学习人员兴趣较差""交流动机较为缺乏"的问题，这是因为学习者总是习惯接受自身常见且在舒适圈的东西，对于陌生未知的知识内容会抱有怀疑、抵触的情绪。这也就意味着部分学习者在进行汉语国际教育跨文化交流过程中，可能会受到多方位元素的影响，丧失对于跨文化交流的参与积极性。例如，在人际交往的过程中，根据相关数据调查显示，80％的人们都会选择与自己沟通无障碍的人员进行交流，一方面，对于外国人员会受到"语言不通""难以理解"等因素的影响，以至于不会积极主动的与其进行沟通，这就在一定程度上阻碍了我国跨文化交流的发展；另一方面，根据相关数据调查结果显示，在一个特定环境的背景之下，跨文化交流还会受到"双方状态差异""空间舞台"等多方位因素的影响，将这些因素综合到国际汉语教育跨文化交流过程中，就能够在一定程度上有效地避免以往的误会和冲突。

二、增进文化理解

（一）深入学习目标文化

要避免文化误解，关键在于深入了解目标文化。这包括该文化的历史、传统、价值观、社会规范等多个方面。可以通过阅读相关书籍、观看纪录片、参加文化讲座等方式来学习。特别要注意了解该文化中的禁忌和敏感话题，以免在交流中无意冒犯对方。同时，要学会从该文化的角度来思考问题，理解他们的行为方式和价值判断。例如，在学习中国文化时，不仅要了解春节、中秋节这样的传统节日，还要理解中国人的人情世故、面子观念等深层文化因素。此外，还应该关注该文化的当代发展，了解其现代社会的特点和变化。这样可以避免对该文化形成刻板印象，更全面地理解其复杂性和多样性。

（二）培养文化敏感性

文化敏感性是指对文化差异的察觉能力和适应能力。培养这种能力需要我们保持开放的心态，对不同文化保持好奇和尊重。在跨文化交流中，要学会观察和倾听，注意捕捉文化差异的细节。同时，要反思自己的文化背景，意识到自己的思维方式和行为模式可能受到本土文化的影响。这种自我反思有助于我们以更客观的态度看待文化差异。在实际交流中，要学会换位思考，尝试从对方的文化视角来理解问题。当遇到文化冲突时，不要急于做出判断，而是要试图了解背后的原因。培养文化敏感性是一个长期的过程，需要在实践中不断积累经验，调整自己的认知和行为。

（三）建立跨文化思维

跨文化思维是指在不同文化之间建立联系，找到共通点的能力。这种思维方式可以帮助我们更好地理解和欣赏文化差异，减少文化误解。要建立跨文化思维，首先要认识到文化的多元性和相对性，避免用单一文化标准来评判其他文化。其次，要学会在不同文化中寻找相似之处，理解人性的共通性。例如，虽然不同文化对孝道的表现形式可能不同，但尊老爱幼的价值观在许多文化中都存在。再次，要培养文化整合的能力，学会在保持自身文化认同的同时，吸收其他文化的精华。这种能力对于在多元文化环境中生活和工作的人尤为重要。最后，要学会欣赏文化差异带来的丰富性，将其视为学习和成长的机会，而不是障碍。

三、有效沟通技巧

（一）主动澄清和确认

在跨文化交流中，由于语言和文化的差异，误解很容易产生。因此，主动澄清和确认变得尤为重要。当我们不确定对方的意思时，应该勇于提出疑问，请对方进行解释或重复。同样，在表达自己的观点时，也要主动询问对方是否理解。可以采用复述的方式，用自己的话重复对方的意思，以确保双方理解一致。在重要的交流中，比如商务谈判或学术讨论，可以在交流结束后总结主要内容，并请对方确认。这种做法不仅可以减少误解，还能展示我们对交流的重视和尊重。在进行澄清和确认时，要注意语气和态度，避免给人质疑或不信任的感觉。可以用诸如我想确保我理解正确等礼貌的表达方式。

（二）灵活运用沟通策略

在面对语言障碍和文化差异时，需要灵活运用各种沟通策略。例如，当无法准确表达某个概念时，可以尝试用类比或举例的方式来解释。如果遇到难以理解的词汇，可以请对方用不同的方式重新表述。在表达复杂的想法时，可以先说明主要观点，然后逐步展开细节。如果发现某个话题可能涉及文化敏感性，可以先询问对方的看法，而不是直接表达自己的观点。在交流过程中，要注意观察对方的反应，根据反馈及时调整自己的表达方式。此外，还可以适当使用幽默来缓解交流中的紧张气氛，但要注意幽默感在不同文化中的差异，避免引起不适。总之，要根据具体情况灵活选择最合适的沟通策略。

（三）培养积极倾听的能力

在跨文化交流中，倾听比表达更为重要。积极倾听不仅包括听懂对方的话，还要理解其中的情感和潜在含义。要学会专注于对方的表达，避免因文化差异而产生的先入为主的判断。在倾听过程中，要表现出适当的反馈，如点头、微笑或简短的回应，以示理解和尊重。同时，也要注意观察对方的非语言信息，如表情、语调等，这些往往能传达比言语更丰富的信息。当遇到不理解的地方时，要耐心等待对方表达完整，然后再提出疑问。在跨文化环境中，由于语言和思维方式的差异，对方的表达可能显得迂回或不直接，这时更需要我们保持耐心和开放的态度，真正理解对方想要传达的信息。通过培养积极倾听的能力，我们不仅能更好地理解对方，还能建立互信和尊重的关系。

第二节　跨文化交流中的常见挑战

跨文化交流虽然能带来丰富的经验和视野，但同时也面临着诸多挑战。这些挑战不仅来自于语言和文化的差异，还涉及心理、社会等多个层面。认识和理解这些挑战，是成功进行跨文化交流的重要前提。

一、文化冲突

（一）价值观差异

价值观是一个文化中最核心也最难改变的部分，它影响着人们的思维方式和行为准则。在跨文化交流中，不同文化背景的人往往会因价值观差异而产生冲突。例如，在个人主义文化中，人们更强调个人权利和自我实现；而在集体主义文化中，人们则更看重群体利益和和谐关系。这种差异可能导致在决策方式、工作态度、人际关系等方面的不同理解和期望。比如，在处理公私关系时，来自个人主义文化的人可能更倾向于严格区分工作和私人生活，而集体主义文化背景的人则可能认为两者应该有更多交集。这种价值观的差异如果得不到正确理解和处理，可能会导致误解、失望甚至冲突。因此，在跨文化交流中，我们需要意识到这些潜在的价值观差异，努力理解对方的文化背景，并尝试找到平衡点。

（二）行为规范冲突

每种文化都有其独特的行为规范，这些规范往往是长期形成的，并被视为理所当然。然而，在跨文化环境中，这些看似自然的行为可能会引起误解或冒犯。例如，在一些文化中，直视对方眼睛被视为尊重和诚实的表现；而在另一些文化中，这可能被视为无礼或具有攻击性。再比如，在某些文化中，公开表达情感是被鼓励的；而在另一些文化中，克制情感表达则被认为是成熟的表现。这种行为规范的差异不仅存在于个人交往中，在商务、教育等领域也普遍存在。比如，在会议中的发言方式、协商的策略、表达不同意见的方法等都可能因文化而异。这些差异如果没有得到充分认识和尊重，很容易导致交流中的尴尬甚至冲突。因此，在跨文化交流中，我们需要对这些行为规范保持高度敏感，并努力学习和适应不同的文化习惯。

（三）思维方式差异

不同文化背景的人往往有着不同的思维方式，这种差异可能体现在问题解决、逻辑推理、信息处理等多个方面。例如，有些文化倾向于线性思维，强调直接、明确的表达；而另一些文化则更倾向于螺旋式思维，喜欢迂回、含蓄的表达。这种思维方式的差异可能导致交流中的误解和挫折感。比如，在商务谈判中，来自直接文化的人可能会觉得对方模棱两可、难以把握；而来自含蓄文化的人则可能认为对方过于生硬、缺乏灵活性。又如，在教育领域，有些文化鼓励批判性思考和质疑权威，而另一些文化则更强调尊重传统和服从权威。这种差异可能导致师生之间、同学之间的互动方式产生冲突。因此，在跨文化交流中，我们需要意识到这些思维方式的差异，努力理解对方的思维逻辑，并尝试调整自己的表达方式，以便更好地进行沟通。

二、语言障碍

（一）语言能力不足

在跨文化交流中，语言能力不足是最直接也最常见的障碍。即使经过长期学习，非母语使用者在语言运用上仍可能遇到诸多困难。首先，词汇量的限制可能导致表达不够准确或丰富。在专业领域或情感表达时，这种困难尤为明显。例如，在学术讨论中，可能难以准确表达复杂的概念；在日常交往中，可能无法传达微妙的情感变化。其次，语法结构的掌握不够熟练可能影响表达的流畅性和准确性。特别是在即时交流中，可能会出现语序混乱、时态错误等问题，影响交流效果。再者，口音和发音的差异也可能造成理解障碍。即使词汇和语法正确，不标准的发音也可能导致误解或需要频繁重复。这不仅会降低交流效率，还可能引起心理压力，影响交流的积极性。

语言能力不足还可能导致信息传递的失真或缺失。在复杂的交流场景中，如商务谈判或学术报告，语言能力的局限可能导致重要信息的遗漏或误解。例如，无法准确理解合同中的细节条款，或者无法全面把握学术论文的精髓。这种情况下，不仅会影响交流的质量，还可能带来实际的损失或风险。此外，语言能力不足可能影响个人在跨文化环境中的自信心和参与度。当无法流畅表达自己的想法时，人们往往会感到沮丧和挫败，从而减少交流的主动性。这可能导致错失重要的学习和交流机会，影响个人在跨文化环境中的成长和发展。

为了克服语言能力不足带来的障碍，需要采取多种策略。首先，要制订长期的语言学习计划，不断扩大词汇量，提高语法准确性，改善口语表达。可以通过阅读目标语言的报纸、杂志，观看电影、电视节目等方式来增加语言输入。其次，要创造更多实践机会，如参加语言交换活动，加入国际学生社团等。在实际交流中锻炼语言能力，提高应对各种情况的能力。再者，可以利用现代科技工具，如语言学习APP、在线词典等，辅助日常交流。同时，也要学会使用肢体语言、表情等非语言交际方式来辅助表达。最重要的是，要保持自信和开放的态度，不要因为语言能力的局限而退缩，而应该勇于尝试，从错误中学习。

（二）语言变体和方言

语言的多样性不仅体现在不同语言之间，同一种语言内部的变体和方言也可能成为跨文化交流的障碍。首先，同一语言在不同地区可能有显著的发音差异。例如，英语中的美式发音和英式发音，或者汉语中的普通话和各地方言。这些发音差异可能导致听力理解的困难，特别是对于非母语使用者来说。其次，词汇使用上的差异也是一个常见问题。同一个词在不同地区可能有不同的含义，或者表达同一概念可能使用完全不同的词。例如，英语中"lift"在英国指电梯，而在美国则使用"elevator"。这种差异如果不了解，很容易造成误解。再者，语法和表达习惯的差异也可能影响交流。比如，某些地区可能更倾向于使用被动语态，而另一些地区则更喜欢主动语态。

语言变体和方言的差异不仅影响日常交流，在正式场合也可能造成困扰。在商务谈判中，如果双方使用同一语言的不同变体，可能会对合同条款产生不同理解。在学术交流中，不同地区的学术用语差异可能导致概念理解的偏差。此外，语言变体和方言往往与特定的文化背景和社会身份相关联。使用某种特定的语言变体可能会传达出说话者的地域背景、教育水平、社会阶层等信息。如果不了解这些潜在含义，可能会在无意中传达出不恰当的信息或产生错误的判断。例如，在正式场合使用过于口语化或地方化的表达，可能会被认为不够专业或不够尊重。

为了应对语言变体和方言带来的挑战，需要采取多种策略。首先，要提高对语言多样性的认识和敏感度。在学习一种语言时，不仅要了解其标准形式，还要了解主要的地区变体。其次，要学会灵活使用不同的语言变体。在正式场合可能需要使用更标准化的语言，而在非正式场合则可以适当使用本地化的表达。再者，要培养跨方言沟通的能力。当遇到不熟悉的方言或表达时，要学会询问和确认，避免产生误解。此外，还可以利用语言学习资源，如方言词典、区域语言学习材料等，来扩展自己的语言知识。最后，要保持开放和包容的态度，尊重语言的多样性，将其视为文化交流的机会而非障碍。

（三）文化负载词

文化负载词是指那些承载了特定文化内涵，难以用其他语言准确表达的词语。这类词语往往反映了一个文化独特的历史、传统、价值观或生活方式。在跨文化交流中，文化负载词常常成为理解和表达的难点。首先，这类词语通常没有准确的对应翻译。即使找到了近似的词，也可能无法完全传达原词的文化内涵。例如，中文中的"孝道"一词，虽然可以翻译为英文的"filial piety"，但其中蕴含的复杂文化内涵和社会期望很难完全传达。其次，文化负载词往往具有丰富的联想意义和情感色彩，这些在跨文化交流中很容易丢失。比如，"饺子"对中国人来说不仅是一种食物，还承载着家庭团聚、节日庆祝等文化意义。再者，某些文化负载词可能在不同文化中有不同甚至相反的含义，这更增加了交流的难度。

文化负载词的使用不当可能导致严重的交流障碍和文化冲突。在商务交流中，对文化负载词的误解可能影响谈判策略和结果。例如，在中国文化中，"关系"一词包含了复杂的人际网络和社会资本概念，如果简单理解为西方的"relationship"，可能会低估其在商业运作中的重要性。在教育领域，文化负载词的差异可能影响教学效果和学习体验。比如，中国学生理解的"尊师重道"可能与西方教育中强调的师生平等有所不同。在日常交往中，对文化负载词的误用或误解可能导致尴尬甚至冒犯。例如，不了解某些问候语或称呼的文化内涵，可能会在无意中显得无礼或过于亲密。

应对文化负载词带来的挑战需要采取多种方法。首先，要加强对目标文化的学习和理解，特别是那些反映文化核心价值观和生活方式的关键词。可以通过阅读文学作品、观看影视作品、参与文化活动等方式来深入了解这些词语的文化背景。其次，在使用和理解文化负载词时，要学会结合语境进行判断。同一个词在不同场合可能有不同的含义和用法。再者，在跨文化交流中遇到文化负载词时，可以尝试用解释、举例或类比的方式来传达其意义。例如，在介绍中国的"面子"概念时，可以通过具体的社交场景来说明其重要性。此外，还可以利用视觉辅助、故事讲述等方式来帮助理解文化负载词。最后，要保持开放和好奇的态度，将文化负载词视为了解其他文化的窗口，而不是交流的障碍。

三、非语言交际差异

（一）体态语言差异

体态语言，包括面部表情、手势、姿势等，是非语言交际的重要组成部分。然而，不同文化对体态语言的理解和使用可能存在显著差异，这在跨文化交流中可能导致误解或冲突。首先，同样的体态动作在不同文化中可能有不同甚至相反的含义。例如，点头在大多数西方国家表示同意，但在保加利亚则表示否定。竖起大拇指在西方文化中通常表示赞许，但在某些中东国家可能被视为冒犯性手势。其次，不同文化对体态语言使用的频率和程度也有差异。例如，地中海文化圈的人们在交谈时可能会更多地使用手势，而在一些东亚文化中，过多的手势可能被视为不得体。再者，某些体态语言在一种文化中可能很常见，但在另一种文化中却很少使用或被认为不礼貌。比如，在某些亚洲文化中，直视对方眼睛可能被视为不敬，而在西方文化中，这通常被视为诚实和自信的表现。

体态语言的差异不仅影响日常交际，在正式场合如商务会议、国际谈判中也可能造成重大影响。例如，在谈判中，错误解读对方的体态语言可能导致判断失误。一方认为对方点头表示同意，而实际上对方可能只是表示在倾听。在跨文化团队合作中，体态语言的差异可能影响团队氛围和工作效率。比如，一些文化中常见的身体接触（如拍肩膀）在另一些文化中可能被视为越界。在教育领域，师生之间体态语言的差异可能影响课堂互动和学习效果。例如，学生低头不与教师目光接触可能在一种文化中被视为尊重，而在另一种文化中可能被误解为不专心或不感兴趣。

为了克服体态语言差异带来的挑战，需要采取多种策略。首先，要提高对不同文化体态语言的认识和敏感度。可以通过观察、学习和模仿来熟悉目标文化的体态语言习惯。其次，在跨文化交流中，要谨慎使用体态语言，避免使用可能引起误解的动作。如果不确定某个动作在对方文化中的含义，最好直接询问或暂时避免使用。再者，要学会正确解读他人的体态语言，并结合语言内容和具体语境来理解。不要仅仅依赖体态语言来判断对方的意图或情感。此外，在长期的跨文化环境中，可以逐步调整自己的体态语言习惯，以适应当地文化。最后，要保持开放和包容的态度，理解并尊重不同文化的体态语言差异，将其视为文化多样性的体现而非交流障碍。

（二）时间观念差异

时间观念是文化中最基本却又最容易被忽视的元素之一。不同文化对时间的理解和管理方式可能存在显著差异，这在跨文化交流中可能导致误解、冲突或效率低下。首先，文化间存在单一时间文化和多时间文化的区别。单一时间文化（如北美、北欧）倾向于一次只做一件事，严格遵守时间表；而多时间文化（如拉丁美洲、中东）则更灵活，可能同时处理多项任务，对准时性要求较低。其次，不同文化对未来、现在和过去的重视程度不同。有些文化更注重未来规划，有些则更重视当下，还有些文化深受历史传统影响。再者，对于时间精确度的要求也因文化而异。在一些文化中，迟到几分钟可能被视为严重失礼，而在另一些文化中，这可能是可以接受的。

时间观念的差异在商务、教育等领域尤为明显。在国际商务中，对方迟到可能被解读为不尊重或不专业，而实际上可能只是文化差异的体现。在项目管理中，不同的时间观念可能导致进度安排和执行出现分歧。例如，一方可能倾向于制订详细的时间表并严格执行，而另一方则可能更喜欢灵活应对，根据情况调整计划。在教育领域，不同的时间观念可能影响学习方式和效果。例如，有些文化更强调长期规划和循序渐进的学习方法，而另一些文化则可能更注重短期目标和集中突击。此外，时间观念的差异还可能影响人际关系的建立和维护。在一些注重效率的文化中，简短直接的沟通被认为是高效的，而在其他文化中，花时间建立关系和进行社交寒暄可能被视为必要和礼貌的。

为了应对时间观念差异带来的挑战，需要采取多种策略。首先，要提高对不同文化时间观念的认识和理解。可以通过学习、观察和体验来了解目标文化的时间管理方式。其次，在跨文化交流中，要学会灵活调整自己的时间观念。例如，在与多时间文化的人交往时，可以预留更多缓冲时间，对计划变更保持开放态度。反之，在与单一时间文化的人合作时，则需要更加注重准时和遵守时间表。再者，在跨文化团队中工作时，可以尝试建立共同的时间管理规则，找到各方都能接受的平衡点。此外，在安排跨文化活动时，要考虑到不同文化的时间习惯，如用餐时间、工作时间等。最后，要保持耐心和理解，不要轻易将时间观念的差异解读为不尊重或不专业。相反，应该将其视为了解和欣赏文化多样性的机会。

（三）空间距离差异

空间距离，即人际交往中的物理距离，是非语言交际的重要组成部分，但在不同文化中可能有显著差异。这种差异在跨文化交流中可能导致不适或误解。首先，不同文化对个人空间的定义和要求不同。例如，中东和拉丁美洲文化通常接受较小的人际距离，而北美和北欧文化则倾向于保持较大的个人空间。其次，触碰行为在不同文化中的可接受程度也有差异。某些文化中常见的身体接触（如拥抱、贴面礼）在其他文化中可能被视为冒犯。再者，空间的使用方式也因文化而异。例如，在办公室布局中，开放式办公和独立办公室的偏好可能反映了不同的文化价值观。

空间距离的差异不仅影响日常交往，在商务、教育等领域也可能造成重要影响。在商务会谈中，对空间距离的不同理解可能影响谈判氛围和结果。例如，一方可能通过缩短距离来表示亲近和诚意，而另一方可能将此解读为侵犯个人空间或施压。在跨文化团队合作中，对工作空间的不同偏好可能影响团队氛围和工作效率。有些员工可能习惯于开放式办公环境下的频繁互动，而另一些则可能更需要私密空间来提高效率。在教育领域，师生之间的空间距离可能影响课堂互动和学习氛围。例如，教师靠近学生的行为在一种文化中可能被视为关心，而在另一种文化中可能被视为压力。

为了克服空间距离差异带来的挑战，需要采取多种策略。首先，要提高对不同文化空间距离习惯的认识和敏感度。可以通过观察和学习来了解目标文化中适当的人际距离和接触行为。其次，在跨文化交流中，要学会灵活调整自己的空间行为。例如，与来自不同文化背景的人交往时，可以根据对方的反应来调整距离。如果不确定，可以采取中庸之道，避免过于亲近或疏远。再者，在跨文化环境中布置工作或生活空间时，要考虑到文化差异，尽可能创造灵活多样的空间选择。此外，在进行身体接触（如握手、拥抱）时，要格外谨慎，最好事先了解对方文化的习惯，或者直接询问对方的偏好。最后，要保持开放和理解的态度，不要将空间行为的差异简单地解读为冒犯或不尊重，而应该将其视为文化多样性的体现。

第三节　文化差异的管理与适应技巧

在全球化日益深入的今天，有效管理文化差异并适应多元文化环境已成为个人和组织成功的关键因素。这不仅需要对文化差异有深入理解，还需要掌握一系列实用的管理和适应技巧。本节将探讨如何在跨文化环境中有效管理文化差异，并提供一些具体的适应策略。

一、文化智商的培养

（一）文化意识的提升

提升文化意识是培养文化智商的第一步。这意味着要认识到文化差异的存在，并理解这些差异对人们的思维方式、行为模式和价值判断的影响。首先，需要对自身文化有深入了解。了解自己的文化背景、价值观和行为模式，有助于认识到自己的文化偏见，从而更客观地看待其他文化。例如，一个来自个人主义文化的人可能会更加重视个人成就，而一个来自集体主义文化的人则可能更看重群体和谐。认识到这一点，有助于在跨文化交流中避免误解和冲突。其次，要培养对其他文化的好奇心和开放态度。这可以通过阅读不同文化的书籍、观看外国电影、参与国际交流活动等方式来实现。例如，参加一个国际文化节，不仅可以体验不同的食物和音乐，还可以深入了解背后的文化内涵。

提升文化意识还包括认识到文化的动态性和复杂性。文化不是静态的，它会随着时间和社会变迁而发展。例如，中国的文化在过去几十年里经历了巨大变化，传统价值观与现代思想的碰撞产生了独特的文化现象。因此，要避免将文化简单化或刻板化。同时，要认识到个体差异的存在。虽然文化会影响个人，但每个人都是独特的，不能简单地用文化标签来定义一个人。例如，并非所有美国人都是个人主义者，也并非所有日本人都是含蓄内敛的。提升文化意识还意味着要学会在不同文化环境中观察和反思。例如，在一个新的文化环境中，可以尝试记录自己的观察和感受，思考为什么人们会有特定的行为方式，这些行为背后反映了什么样的文化价值观。

（二）文化知识的积累

文化知识的积累是提高文化智商的重要途径。这不仅包括了解不同文化的表面特征，如语言、习俗、礼仪等，还包括深入理解其核心价值观、思维方式和社会结构。首先，可以通过系统学习来积累文化知识。例如，参加跨文化交流课程，学习文化人类学、社会学等相关学科，这些可以提供理解不同文化的理论框架。其次，实地体验是获得文化知识的有效方式。如果有条件，可以尝试在不同文化环境中生活一段时间。即使是短期旅行，也可以通过深入当地社区，与当地人交流，来获得第一手的文化体验。例如，在日本生活一段时间，不仅可以学习日语，还可以亲身体验日本的工作文化、社交礼仪等。

积累文化知识还包括了解不同文化的历史背景和发展脉络。历史往往能解释很多当代文化现象。例如，了解中国的历史有助于理解中国人重视"关系"和"面子"的原因。同时，要关注当代文化的发展趋势。在全球化背景下，许多文化正在经历快速变迁。例如，了解新兴经济体如印度、巴西的文化变迁，对于理解这些国家的商业环境至关重要。此外，积累文化知识还应该包括了解不同文化之间的互动和影响。例如，了解西方文化对日本的影响，有助于理解日本文化的独特性。在积累文化知识的过程中，要注意避免过度依赖二手资料或刻板印象。最好能够结合实际体验和反思，形成自己的理解。例如，可以通过与来自不同文化背景的人深入交流，了解他们对自身文化的看法和体验。

（三）跨文化技能的练习

跨文化技能是文化智商的实践层面，它决定了一个人在跨文化环境中的实际表现。这些技能包括语言能力、沟通技巧、适应能力、文化敏感性等。首先，语言能力是跨文化交流的基础。除了学习语言本身，还要了解语言背后的文化内涵。例如，学习日语不仅要掌握语法和词汇，还要理解日语中的敬语系统，这反映了日本社会的等级观念。其次，要练习跨文化沟通技巧。这包括学会倾听、观察非语言线索、适应不同的沟通风格等。例如，在与高语境文化（如中国、日本）的人交流时，要学会读懂言外之意；而在与低语境文化（如美国、德国）的人交流时，则需要更加直接明确。

适应能力是另一项重要的跨文化技能。这意味着要能够灵活调整自己的行为和期望，以适应不同的文化环境。例如，在一个强调层级的文化中工作时，可能需要调整自己的决策和汇报方式。练习适应能力可以通过参与模拟跨文化情境、角色扮演等方式。文化敏感性是指能够觉察和理解文化差异，并做出适当反应的能力。这需要通过不断的实践和反思来培养。例如，可以尝试在不同文化背景的人面前介绍自己的文化，观察他们的反应，并思考如何更有效地传达文化信息。此外，处理文化冲突的能力也是重要的跨文化技能。这包括学会识别文化冲突的根源，寻找共同点，以及找到双方都能接受的解决方案。例如，在跨国团队中，可能需要协调不同文化背景成员对时间管理的不同理解，找到一个平衡点。练习这些技能需要长期的努力和实践，可以通过参与跨文化项目、加入国际组织、或者主动寻找与不同文化背景的人交流的机会来实现。

二、文化差异的调和策略

（一）寻找共同点

在面对文化差异时，寻找共同点是一种有效的调和策略。这不仅可以减少文化冲突，还能为跨文化合作奠定基础。首先，要认识到尽管文化差异存在，但人类也有许多共同的基本需求和价值观。例如，对家庭的重视、追求幸福和成功的愿望等，这些都是跨越文化的普遍特征。在跨文化交流中，可以从这些共同点出发，建立联系和理解。其次，在特定领域寻找共同利益或目标也是一种有效策略。例如，在国际商务合作中，双方虽然可能有不同的商业文化，但都希望达成互利共赢的结果。通过聚焦这个共同目标，可以更容易地化解文化差异带来的障碍。

在实践中寻找共同点需要主动和创造性。例如，在跨国团队中，可以组织一些非工作性的活动，如共同庆祝各国的节日，这样可以在轻松的氛围中发现文化间的相似之处。另一个策略是寻找"文化桥梁"，即那些对多种文化都有深入了解的人。这些人可以帮助解释不同文化的观点，找出潜在的共同点。在教育领域，可以设计跨文化项目，让来自不同背景的学生合作完成任务，在过程中发现彼此的相似之处。此外，关注普世价值观，如尊重、诚实、公平等，也是寻找共同点的有效方法。例如，在处理跨文化道德困境时，可以从这些普世价值观出发，寻找各方都能接受的解决方案。

寻找共同点并不意味着忽视或淡化文化差异。相反，它是在承认和尊重差异的基础上，寻找可以连接不同文化的纽带。这种方法不仅可以减少文化冲突，还能创造新的文化交融。例如，在艺术领域，不同文化元素的融合往往能产生创新和独特的作品。因此，在跨文化交流中，应该将寻找共同点视为一个持续的过程，在此基础上不断深化相互理解和合作。

（二）建立文化同理心

文化同理心是指能够站在他人的文化视角来理解和体验世界的能力。这是调和文化差异的关键技能。首先，培养文化同理心需要有意识地暂时搁置自己的文化立场，尝试从他人的文化背景出发来思考问题。例如，在理解其他文化的家庭观念时，不应简单地用自己文化的标准来评判，而应该尝试理解这种家庭观念在该文化中的意义和价值。其次，要学会倾听和观察，真正理解他人的文化体验。这不仅包括听取他人的言语表达，还要注意他们的情感反应和非语言线索。例如，在与日本同事交流时，要注意他们可能不会直接表达不同意见，而是通过委婉的方式或沉默来表示。

建立文化同理心需要长期的练习和反思。一个有效的方法是进行角色扮演或情境模拟。例如，在跨文化培训中，可以让参与者扮演不同文化背景的角色，体验可能出现的文化冲突场景。通过这种方式，可以更深入地理解其他文化的思维方式和行为动机。另一个策略是主动寻求跨文化体验。例如，参与国际志愿者项目，或者选择在多元文化环境中工作和生活。这些经历可以帮助我们更真实地体验不同文化，从而培养文化同理心。

在商务领域，建立文化同理心尤为重要。例如，在与中东国家的客户打交道时，了解并尊重他们的宗教习惯和商业礼仪，可以大大增进双方的信任和合作。在教育领域，教师具备文化同理心可以更好地理解和支持来自不同文化背景的学生。例如，理解某些文化中学生不愿在课堂上直接质疑教师可能源于对权威的尊重，而非缺乏批判性思维。

建立文化同理心并不意味着完全认同或接受其他文化的所有方面。它的核心是理解和尊重，而不是盲目接受。在实践中，要注意平衡文化同理心和批判性思维。例如，在理解某些文化中的性别角色定义时，可以努力理解其历史和社会背景，同时也要保持对普世人权价值的坚持。通过这种方式，文化同理心可以成为促进文化交流和推动积极变革的工具。

（三）灵活调整沟通方式

在跨文化环境中，灵活调整沟通方式是有效管理文化差异的关键策略。不同文化有不同的沟通习惯和期望，如果能够适当调整自己的沟通方式，可以大大减少误解和冲突。首先，要了解不同文化的沟通风格。例如，有些文化倾向于直接表达，而有些则更喜欢委婉表达。在与来自高语境文化（如日本、中国）的人交流时，可能需要更多地关注语境和非语言线索；而与来自低语境文化（如美国、德国）的人交流时，则可能需要更加直接明确。其次，要注意调整自己的语言使用。这不仅包括选择合适的语言，还包括调整语速、音量、用词等。例如，在使用非母语交流时，可能需要放慢语速，使用更简单的词汇，并经常确认对方是否理解。

在实际沟通中，要学会灵活运用不同的沟通策略。例如，在跨文化团队中，可以采用"元沟通"的方法，即明确讨论团队的沟通方式，建立共同的沟通规则。在处理敏感话题时，可以采用间接沟通的方式，如使用类比或故事来传达信息。在书面沟通中，要注意不同文化对邮件格式、措辞等的不同期望。例如，一些文化可能更看重邮件的正式性，而另一些则可能更偏好简洁直接的风格。

调整沟通方式还包括适应不同的沟通渠道和工具。在全球化的背景下，跨文化沟通越来越依赖于各种数字工具。要了解不同文化对这些工具的使用偏好。例如，有些文化可能更倾向于使用即时通讯工具进行工作交流，而另一些则可能更注重面对面的沟通。在使用社交媒体进行跨文化交流时，要注意不同平台在不同文化中的使用习惯和含义。

灵活调整沟通方式需要持续的学习和实践。可以通过观察他人的反应，主动寻求反馈来不断改进自己的沟通方式。同时，要保持开放和谦逊的态度，承认自己可能会犯错，并愿意学习和改进。例如，如果发现自己的某个表达方式在另一种文化中可能造成误解，要勇于承认并调整。通过不断调整和完善沟通方式，可以逐步建立起有效的跨文化沟通能力，这对于在多元文化环境中取得成功至关重要。

三、文化冲突的处理技巧

（一）识别文化冲突的根源

有效处理文化冲突的第一步是准确识别冲突的根源。文化冲突往往源于价值观、信念、行为规范等深层次的差异，而不仅仅是表面的误解。首先，要学会区分真正的文化冲突和个人差异或情境因素导致的冲突。例如，两个人之间的分歧可能源于个性差异，而不一定是文化差异造成的。其次，要深入分析冲突各方的文化背景，理解他们的行为和态度背后的文化逻辑。例如，在跨国企业中，对于决策过程的分歧可能反映了不同文化对层级和参与的不同理解。

识别文化冲突的根源需要敏锐的观察力和分析能力。可以通过以下方法来提高这种能力：一是学习文化理论模型，如霍夫斯泰德的文化维度理论，这些模型可以提供分析文化差异的框架。二是培养反思性思维，经常反思自己的文化假设和偏见，这有助于更客观地看待文化冲突。三是多角度收集信息，不仅要听取冲突各方的观点，还要考虑其他相关人员的看法。例如，在处理跨文化团队冲突时，可以征询有跨文化经验的同事的意见。

在实际情况中，文化冲突的根源可能是多方面的，需要综合分析。例如，在国际合资企业中，管理层的冲突可能同时涉及决策方式、沟通风格、时间观念等多个文化层面的差异。识别这些复杂的根源需要耐心和细致的分析。同时，要注意文化冲突可能随时间和环境变化而发展，因此需要持续关注和分析。例如，随着团队成员对彼此文化的了解加深，原有的一些文化冲突可能会减少，而新的挑战可能会出现。

识别文化冲突的根源不仅有助于解决当前的问题，还能为未来的跨文化合作提供洞见。通过深入理解冲突的文化根源，可以预防类似问题的再次发生，并为建立更有效的跨文化沟通和合作机制提供依据。例如，通过分析跨国团队中的文化冲突，可以设计更适合的团队建设活动和工作流程，以适应不同文化背景成员的需求。

（二）协商与妥协

在识别了文化冲突的根源后，下一步是通过协商和妥协来解决冲突。这个过程需要各方展现出理解、尊重和灵活性。首先，要创造一个开放和安全的对话环境。所有参与者都应该感到可以自由表达自己的观点和顾虑，而不用担心受到批评或报复。例如，可以设置一个中立的场所进行讨论，或者邀请一个公正的第三方来主持对话。其次，要鼓励各方明确表达自己的立场和需求，同时也要倾听和理解他人的观点。在这个过程中，要特别注意不同文化的沟通风格。例如，有些文化可能更倾向于直接表达，而有些则可能更喜欢含蓄的表达方式。

协商过程中，要着重寻找共同利益和价值观。尽管文化差异可能导致不同的行为和期望，但通常会有一些共同的基本目标或价值观。找到这些共同点可以为达成共识奠定基础。例如，在处理工作时间安排的冲突时，可以从提高工作效率这个共同目标出发，寻找各方都能接受的解决方案。同时，要鼓励创新思维，寻找能够兼顾不同文化需求的创新解决方案。这可能需要打破常规思维，结合不同文化的优势来创造新的方法。

妥协是解决文化冲突的重要手段，但需要谨慎和智慧。有效的妥协不是简单的让步，而是找到一个能够尊重各方文化需求的平衡点。例如，在处理跨文化团队的决策方式冲突时，可以采用轮流使用不同决策方式的做法，既保留了各种文化的决策特点，又促进了相互学习。在妥协过程中，要注意保护各方的文化尊严，避免让任何一方感到自己的文化被贬低或忽视。

在一些情况下，可能需要创造新的文化规范来解决冲突。这种做法特别适用于长期合作的跨文化团队或组织。例如，可以共同制订一套融合了不同文化元素的团队文化，既尊重了各种文化背景，又创造了团队的独特身份。这种方法不仅能解决当前的冲突，还能为未来的合作奠定基础。

协商和妥协的过程可能需要时间和耐心。要认识到文化观念的改变通常是渐进的，不要期望一蹴而就。同时，要建立定期调整的机制，因为随着相互了解的加深和环境的变化，最初的解决方案可能需要调整。通过持续的对话和调整，可以逐步建立起更加和谐和高效的跨文化合作关系。

（三）建立跨文化协作机制

为了长期有效地管理文化差异，建立系统化的跨文化协作机制至关重要。这种机制不仅能帮助预防和解决文化冲突，还能促进不同文化背景的人员之间的协作和创新。首先，要建立清晰的跨文化沟通渠道和程序。这包括设定定期的跨文化交流会议，建立多语言的沟通平台，以及指定文化联络人等。例如，在跨国公司中，可以设立文化大使项目，选拔对多种文化都有深入了解的员工作为文化桥梁。其次，要制订包容性的政策和规程，确保不同文化背景的成员都能平等参与和贡献。这可能包括灵活的工作时间安排，多元化的节日庆祝活动，以及考虑不同文化需求的福利政策等。

建立跨文化培训和教育体系是另一个重要方面。这不仅包括为新加入的成员提供文化导向培训，还应该包括持续的文化学习项目。例如，可以组织文化交流工作坊，邀请不同文化背景的成员分享自己的文化知识和经验。此外，还可以建立跨文化导师制，帮助新成员更快地适应多元文化环境。在招聘和人才发展过程中，也要将跨文化能力作为重要的考虑因素。这可以通过设计跨文化能力测评工具，将跨文化经历纳入职业发展路径等方式来实现。

建立有效的跨文化决策和问题解决机制也很重要。这可能包括建立多元化的决策委员会，确保不同文化视角都能在决策过程中得到考虑。在解决问题时，可以采用文化中立的问题解决框架，如设计思维方法，这种方法强调同理心和创新思维，有助于跨越文化差异找到创新解决方案。

此外，要注重创造跨文化学习和创新的机会。可以组织跨文化创新项目，鼓励不同文化背景的成员合作开发新产品或解决方案。这不仅能促进文化融合，还能利用文化多样性带来的创新潜力。例如，一些跨国公司通过组织全球创新挑战赛，让来自不同国家的团队合作解决全球性问题，既促进了文化交流，又产生了创新成果。

最后，要建立评估和改进机制，定期评估跨文化协作的效果，并根据反馈不断改进。这可以通过定期的跨文化氛围调查、360度文化适应性评估等方式来实现。例如，可以每年进行一次全公司范围的文化包容性调查，了解员工对跨文化环境的感受和建议，并据此调整相关政策和实践。

建立跨文化协作机制是一个长期的过程，需要组织的持续投入和支持。高层领导的重视和参与至关重要，他们需要以身作则，展现对文化多样性的尊重和重视。同时，也要鼓励所有成员参与到这个过程中来，让跨文化协作成为组织文化的一部分。通过这些系统化的努力，可以逐步建立起一个真正包容和尊重多元文化的组织环境，不仅能有效管理文化差异，还能充分发挥文化多样性带来的创新和竞争优势。

第四节　跨文化交流的心理准备与调适

跨文化交流不仅涉及知识和技能的层面，还深深影响着参与者的心理状态。适当的心理准备和及时的心理调适对于成功的跨文化交流至关重要。本节将探讨如何在心理层面为跨文化交流做好准备，以及如何应对在这个过程中可能遇到的心理挑战。

一、文化冲击的认识与应对

（一）理解文化冲击的本质

文化冲击是指个人在进入一个新的文化环境时可能经历的不适应和压力反应。这是跨文化交流中一个普遍而正常的现象。首先，要认识到文化冲击是一个动态的过程，通常包括几个阶段：蜜月期、困惑期、调整期和适应期。在蜜月期，人们往往对新环境充满好奇和兴奋；进入困惑期后，可能会感到挫折和不适；在调整期，开始学会应对文化差异；最后在适应期，能够在新环境中自如地生活和工作。理解这个过程有助于个人对自己的反应保持客观和耐心。其次，要明白文化冲击的表现可能因人而异。有些人可能会感到焦虑、孤独或沮丧，有些人则可能表现出易怒或对家乡文化的过度推崇。认识到这些反应的多样性，有助于更好地识别和处理自己的情绪。

理解文化冲击的本质还包括认识到它背后的深层原因。文化冲击往往源于个人原有的文化框架无法有效解释和应对新环境。这可能涉及价值观的冲突、行为规范的差异、沟通方式的不同等。例如，一个来自个人主义文化的人在集体主义文化中工作，可能会对决策过程的集体性感到不适应。理解这些深层原因，有助于更有针对性地调整自己的心态和行为。此外，还要认识到文化冲击可能带来积极的影响。它可以促使个人反思自己的文化假设，拓宽视野，提高文化适应能力。从这个角度看，文化冲击是一个学习和成长的机会。

在实际生活中，文化冲击可能以各种形式出现。例如，一个西方学生在中国学习时，可能会对课堂上学生较少提问的现象感到不适应。又如，一个亚洲商人在欧洲进行商务谈判时，可能会对直接的沟通方式感到不舒服。理解这些都是正常的文化冲击表现，有助于保持平和的心态，更客观地看待这些挑战。同时，要注意文化冲击可能随时间和环境的变化而反复出现。即使在一个环境中待了很长时间，仍可能在特定情况下经历文化冲击。因此，保持对文化冲击的持续警惕和理解非常重要。

（二）应对文化冲击的策略

有效应对文化冲击需要采取积极主动的态度和多元化的策略。首先，要保持开放和积极的心态。面对文化差异时，不要急于做出判断或评价，而应该尝试理解背后的原因。例如，当遇到令人不适的社交习惯时，可以尝试了解这种习惯的文化背景和意义。其次，要主动学习和适应。这包括学习当地语言，了解文化习俗，观察当地人的行为方式等。例如，可以参加语言交换活动，不仅能提高语言能力，还能结识当地朋友。再者，要保持与家乡文化的联系，同时也要融入新文化。这种平衡有助于减轻文化冲击带来的压力。可以定期与家人朋友联系，同时也积极参与当地社区活动。

建立支持网络是应对文化冲击的重要策略。这可以包括来自同一文化背景的人，也可以包括当地人或其他外国人。例如，加入国际学生组织或参加跨文化交流活动。这样的网络不仅能提供情感支持，还能分享应对文化差异的经验和技巧。同时，要学会自我照顾。保持健康的生活方式，如规律的锻炼、充足的睡眠、健康的饮食等，有助于增强心理韧性。在感到压力大时，可以尝试冥想、瑜伽等放松方法。

调整期望也是应对文化冲击的重要一环。要认识到适应新文化是一个渐进的过程，不要对自己要求过高。设定实际的、可达成的目标，并为每一个进步感到自豪。例如，可以从学会使用公共交通系统这样的小目标开始，逐步提高自己的适应能力。同时，要学会欣赏文化差异，将其视为学习和成长的机会，而不是障碍。

在遇到严重的文化冲击时，不要犹豫寻求专业帮助。许多国际化的机构都提供跨文化咨询服务，可以帮助个人更好地应对文化适应的挑战。例如，一些大学为国际学生提供专门的心理咨询服务，帮助他们应对文化冲击带来的心理压力。

最后，要记录和反思自己的文化适应过程。可以通过写日记或博客的方式，记录自己的观察、感受和思考。这不仅有助于释放情绪，还能帮助自己更好地理解和分析自己的文化适应过程。通过回顾这些记录，可以看到自己的进步，增强克服文化冲击的信心。同时，这些记录也可能成为未来帮助他人应对文化冲击的宝贵资源。

二、跨文化交流中的心理调适

（一）建立文化自信

在跨文化交流中，建立文化自信是至关重要的。文化自信不仅有助于个人在跨文化环境中保持稳定的心理状态，还能促进更平等和有效的文化交流。首先，要深入了解和欣赏自己的文化。这包括学习本国的历史、传统、艺术等，理解自身文化的独特价值。例如，一个中国学生在国外交流时，可以通过学习中国传统文化，如书法、太极等，加深对自身文化的认同和自豪感。其次，要培养客观评价不同文化的能力。文化自信并不意味着文化优越感，而是要能够欣赏不同文化的优点，同时也能理性看待本文化的局限性。例如，可以通过比较研究，了解不同文化在某些方面的优势和劣势，形成更全面的文化认知。

建立文化自信还包括学会在跨文化环境中自如地表达自己的文化。这需要练习如何用对方能理解的方式介绍自己的文化，既不夸大其词，也不妄自菲薄。例如，可以准备一些有趣的文化小故事或者传统习俗的解释，在适当的场合与他人分享。同时，要学会欣赏文化多样性，将其视为丰富自己视野的机会。例如，可以主动参加不同文化的节日庆祝活动，既展示自己的文化，也学习他人的文化。

在实际交流中，文化自信体现在能够坦然面对文化差异，不轻易被他人的偏见或误解所影响。例如，当遇到对自己文化的误解时，不应感到沮丧或愤怒，而是要冷静地解释和澄清。同时，文化自信也意味着能够批评性地看待自己的文化，承认其中存在的问题，并愿意学习其他文化的长处。例如，一个来自重视等级的文化的人，在接触到更平等的工作文化后，可以反思自己文化中的一些局限，并尝试吸收新的理念。

建立文化自信是一个持续的过程，需要不断学习和反思。可以通过阅读跨文化研究的文献，参加文化交流活动，与不同文化背景的人深入交流等方式来培养这种自信。同时，要注意避免文化自信演变成文化优越感或文化封闭。真正的文化自信应该是开放、包容和动态的，能够在保持自身文化认同的同时，也欣赏和吸收其他文化的精华。

（二）培养跨文化同理心

跨文化同理心是指能够理解和感受不同文化背景的人的情感和观点的能力。培养这种能力对于成功的跨文化交流至关重要。首先，要学会暂时搁置自己的文化立场，尝试从他人的文化视角看问题。这需要有意识地克服自己的文化偏见和习惯性思维。例如，当面对一种在自己文化中被认为不礼貌的行为时，不要立即做出负面判断，而是尝试理解这种行为在对方文化中的意义。其次，要积极倾听和观察。在跨文化交流中，不仅要注意语言交流，还要关注非语言线索，如表情、肢体语言等。这些往往能传达更多的文化信息。例如，在与日本同事交流时，要注意他们可能通过委婉的表达或沉默来表示不同意。

培养跨文化同理心还包括学会识别和管理自己的情绪反应。在面对文化差异时，可能会产生不适、困惑甚至排斥的情绪。要学会认识这些情绪，并以建设性的方式处理它们。例如，当感到沮丧或焦虑时，可以通过深呼吸、冥想等方式来调节情绪。同时，要培养好奇心和开放态度。将每次跨文化交流都视为学习的机会，主动探索不同的文化视角。可以通过提问、阅读相关文献、参与文化体验活动等方式来增进理解。

在实践中培养跨文化同理心可以通过多种方式。例如，可以尝试角色扮演，模拟来自不同文化背景的人在特定情境下的反应。或者可以观看不同文化的电影、电视节目，尝试理解人物的动机和感受。参与国际志愿者项目也是培养跨文化同理心的好方法，它能让你直接接触不同的文化环境，体验不同的生活方式。

跨文化同理心不仅有助于减少文化冲突，还能促进更深入的文化交流和创新。例如，在跨国企业中，具备跨文化同理心的管理者更能理解和协调不同文化背景员工的需求，从而创造一个更和谐高效的工作环境。在教育领域，具有跨文化同理心的教师能更好地理解和支持来自不同文化背景的学生，提供更有针对性的教学。

培养跨文化同理心是一个终身的过程，需要持续的努力和反思。要经常反思自己的文化假设和偏见，并持续学习不同的文化知识。同时，也要认识到跨文化同理心的局限性。即使我们努力理解他人，也可能无法完全体验他们的文化现实。因此，保持谦逊和开放的态度，随时准备学习和调整自己的理解，这对于真正的跨文化同理心至关重要。

（三）管理跨文化压力

跨文化交流过程中的压力管理是保持心理健康和高效交流的关键。首先，要认识到跨文化压力的来源。这些压力可能来自语言障碍、文化差异、社交困难、工作或学习压力等。例如，在一个新的文化环境中工作，可能会因为不熟悉当地的工作文化而感到焦虑。其次，要学会识别压力的症状。这些症状可能包括身体症状（如头痛、失眠），情绪症状（如焦虑、易怒），以及行为症状（如社交退缩、工作效率下降）。及时识别这些症状有助于采取相应的应对措施。

管理跨文化压力需要采取多方面的策略。首先，要建立健康的生活习惯。保持规律的作息、均衡的饮食和适度的运动，这些都能帮助提高身体和心理的抗压能力。例如，可以尝试在新环境中继续自己喜欢的运动，或者学习当地流行的健康活动。其次，要学会放松技巧。冥想、深呼吸、渐进性肌肉放松等方法都可以帮助缓解压力。可以通过参加相关课程或使用App来学习这些技巧。此外，保持社交连接也很重要。与家人朋友保持联系，同时也要努力在新环境中建立社交网络。例如，可以参加国际学生组织或跨文化交流活动，认识处于相似情况的人。

在工作或学习环境中，要学会设定实际的目标和期望。不要给自己过大的压力，要认识到适应新文化是一个渐进的过程。可以将大目标分解成小的、可实现的步骤，每完成一步都给予自己肯定。同时，要学会在跨文化环境中有效沟通自己的需求和困难。不要害怕寻求帮助，无论是向同事、老师还是专业的跨文化顾问。许多国际化的机构都提供跨文化适应的支持服务，可以充分利用这些资源。

管理跨文化压力还包括学会在不同文化中找到平衡。这意味着既要努力适应新环境，又要保持自己的文化认同。可以通过庆祝自己文化的节日、准备家乡的食物等方式来维持文化联系。同时，也要积极参与当地的文化活动，逐步融入新环境。例如，可以尝试当地的美食，参加传统节日庆祝，这不仅能减轻思乡之情，还能增进对新文化的理解。

在面对特别大的压力时，不要忽视寻求专业帮助的重要性。许多大学和国际公司都提供心理咨询服务，有些甚至专门针对跨文化适应问题。及时寻求这些帮助可以有效预防更严重的心理健康问题。同时，要学会辨识何时需要专业帮助。如果感到持续的抑郁、焦虑，或者出现影响日常生活和工作的症状，就应该考虑寻求专业的心理健康支持。

最后，要将管理跨文化压力视为一个持续学习和成长的过程。每次成功应对压力的经历都是宝贵的学习机会，能够增强未来面对类似挑战的能力。可以通过写日记或与他人分享经历来反思和总结自己的压力管理策略。随着时间的推移，这种反思和学习能够大大提高个人的跨文化适应能力和心理韧性。

第五节 成功的跨文化交流案例分析

通过分析成功的跨文化交流案例，我们可以从实践中学习有效的策略和方法。这些案例不仅展示了跨文化交流的挑战，也揭示了克服这些挑战的创新方法。本节将通过几个代表性案例，深入探讨成功跨文化交流的关键因素。

一、国际企业的文化融合

（一）案例背景：全球化并购中的文化整合

本案例关注一家美国科技公司收购一家日本传统制造业公司的过程。这两家公司在企业文化、管理风格和工作方式上存在显著差异。美国公司以创新、快速决策和扁平化管理著称，而日本公司则强调和谐、集体决策和等级制度。并购后，如何整合这两种截然不同的文化，成为决定并购成功与否的关键因素。

（二）文化冲突与挑战

并购初期，两家公司面临诸多文化冲突。决策方式的差异是首要挑战。美国管理层习惯于快速决策，而日本员工则倾向于长时间的讨论和集体共识。这导致项目进展缓慢，双方都感到沮丧。沟通风格的不同也造成了重大障碍。美国员工习惯直接表达意见，而日本员工则更含蓄，常常通过非语言方式传达信息。这造成了频繁的误解和沟通障碍。工作方式的分歧同样显著。美国公司鼓励个人主动性和创新，而日本公司更强调团队合作和遵循既定程序。这种差异导致了效率问题和团队冲突。

语言障碍是另一个显著的挑战。虽然英语被定为公司语言，但许多日本员工的英语水平有限，这影响了日常沟通和知识传递。此外，两国的商业礼仪和社交习惯也大不相同。例如，美国管理层习惯在会议上直接讨论问题，而日本员工则更看重会前和会后的非正式交流。这些差异导致了一系列的误解和不满。

（三）成功的整合策略

面对这些挑战，公司采取了一系列创新的文化整合策略。首先，建立了跨文化领导团队。公司组建了一个由美日两国高管组成的领导团队，共同制订整合策略。这个团队接受了跨文化培训，学习彼此的文化特点和商业实践。其次，实施了双向文化学习计划。公司开展了系统的文化交流项目，包括语言培训、文化研讨会和跨国工作轮岗。美国员工学习日语和日本商业礼仪，日本员工则学习英语和美国式沟通技巧。

公司还致力于创造混合文化。努力创造一种融合两国优点的新企业文化。例如，在决策过程中，采用"快速协商，谨慎决策"的方法，兼顾效率和共识。同时，调整了组织结构和工作流程。公司重新设计了组织结构，创造了更多的跨文化团队。工作流程也进行了调整，既保留了日本公司严谨的质量控制流程，又引入了美国公司的敏捷开发方法。

为了克服语言障碍，公司建立了跨文化沟通平台。开发了专门的跨文化沟通工具，包括多语言内部社交平台和文化翻译 app，帮助员工克服语言障碍和文化差异。此外，还推出了文化大使项目。选拔对两种文化都有深入理解的员工作为"文化大使"，帮助调解文化冲突，促进相互理解。最后，公司建立了长期文化融合评估机制。定期收集员工反馈，评估整合进展，并及时调整策略。

（四）成功的因素分析

这个案例的成功主要归功于几个关键因素。高层的重视是首要因素。公司高层认识到文化整合的重要性，投入大量资源支持相关计划。双向学习的理念也至关重要。公司不是简单地要求一方适应另一方，而是鼓励双方相互学习，创造新的文化。系统性方法的采用同样功不可没。文化整合不是零散的举措，而是一个系统性、长期的过程，涉及组织结构、工作流程、培训等多个方面。

公司的灵活创新精神也发挥了重要作用。公司勇于创新，如开发专门的跨文化工具，这显著提高了文化融合的效率。尊重与包容的态度贯穿整个过程。公司在整个过程中展现了对两种文化的尊重，这赢得了员工的信任和支持。持续评估与调整的机制保证了整合的有效性。通过定期评估和反馈机制，公司能够及时发现问题并调整策略。

这个案例展示了在全球化背景下，如何通过创新和系统的方法来实现不同文化的有效融合。它不仅成功整合了两家公司，还创造了一种新的、更具竞争力的企业文化，为公司在全球市场的成功奠定了基础。

二、教育领域的跨文化创新

（一）案例背景：国际学生融入本地高等教育

本案例关注一所美国大学为帮助国际学生更好地融入校园生活和学习环境所采取的创新举措。该校国际学生比例较高，主要来自亚洲、中东和拉丁美洲等地区。学校面临的主要挑战包括语言障碍、学习方式差异、文化适应问题以及本地学生与国际学生之间的交流不足。

（二）跨文化挑战

该校面临多个跨文化挑战。语言障碍是首要问题。虽然国际学生通过了英语水平测试，但许多学生仍然在学术英语和日常交流中遇到困难。教学方式差异也是一大挑战。许多国际学生来自以教师为中心的教育体系，不适应美国大学普遍采用的互动式、讨论式教学方法。文化适应问题同样突出。国际学生在社交、饮食、生活习惯等方面经常感到不适应，有些甚至出现文化休克症状。此外，本地学生与国际学生之间的交流不足也是一个问题。两群体之间存在"平行社交"现象，缺乏深入交流。

（三）创新解决方案

面对这些挑战，学校采取了一系列创新措施。首先是建立了综合支持系统。学校成立了专门的国际学生服务中心，提供从入学前到毕业后的全方位支持，包括签证咨询、学术辅导、心理咨询等。其次，实施了创新的语言支持项目。除传统的ESL课程外，学校还推出了学科具体的语言辅导，帮助学生掌握专业术语和学术写作技巧。此外，还建立了语言伙伴系统，鼓励本地学生和国际学生结对，互相学习语言和文化。

学校还改进了教学方法。鼓励教师采用更加包容性的教学方式，如增加小组讨论时间，给予国际学生更多表达机会。同时，为教师提供跨文化教学培训，提高他们对文化差异的敏感度。跨文化交流项目的推出也是一大亮点。学校组织了一系列跨文化活动，如国际文化节、跨文化对话论坛等，促进不同背景学生的交流。另外，学校还建立了全球学习社区，将国际学生和本地学生安排在同一宿舍区，创造日常交流机会。

为了帮助国际学生适应美国文化，学校推出了文化适应课程。这门课程不仅介绍美国文化，还帮助学生理解文化差异，学习跨文化交流技巧。同时，学校也鼓励国际学生分享自己的文化，如组织文化展示活动，邀请国际学生担任文化大使。在心理健康方面，学校增加了多语种心理咨询服务，并培训咨询师掌握跨文化心理咨询技能。

（四）成功因素分析

这个案例的成功归功于几个关键因素。首先是学校采取了全面系统的方法。不是单独解决某个问题，而是建立了涵盖学习、生活、社交等各方面的支持系统。其次是注重双向文化交流。学校不仅帮助国际学生适应美国文化，也鼓励本地学生了解其他文化，创造了真正的多元文化环境。创新精神也是成功的关键。

个性化支持的理念也发挥了重要作用。学校认识到国际学生群体的多样性，提供了灵活的、针对不同需求的支持服务。持续评估和改进的机制保证了项目的有效性。学校定期收集学生反馈，评估各项措施的效果，并及时调整策略。最后，营造包容性校园文化的努力功不可没。学校通过各种方式培养全校师生的跨文化意识，创造了一个尊重多元文化的校园环境。

这个案例展示了如何通过创新和系统的方法来应对高等教育国际化带来的挑战。它不仅提高了国际学生的学习体验和成功率，还为所有学生创造了丰富的跨文化学习机会，增强了学校的国际竞争力。

三、非营利组织的跨文化项目

（一）案例背景：全球健康援助项目

本案例聚焦一个国际非营利组织在非洲实施的健康援助项目。该组织主要由西方国家的医疗专业人士组成，旨在为当地社区提供基础医疗服务和健康教育。项目面临的主要挑战包括语言障碍、文化差异、当地传统习俗与现代医学实践的冲突，以及如何确保项目的可持续性。

（二）跨文化挑战

该项目面临多重跨文化挑战。语言障碍是首要问题。虽然团队中有翻译人员，但医疗术语的准确传达和文化内涵的传递仍然困难。文化差异也带来了挑战。西方医疗团队的工作方式和当地社区的生活节奏存在差异，影响了项目的实施效率。此外，当地的传统习俗和信仰有时与现代医学实践相冲突。例如，某些疾病被认为是由巫术引起的，村民更倾向于求助于传统治疗者而非现代医疗。项目的可持续性也是一大挑战。如何在有限的时间内培训当地医务人员，并确保项目离开后社区能够继续维持健康实践，是团队面临的重要问题。

（三）创新解决方案

面对这些挑战，组织采取了一系列创新措施。首先，实施了深入的文化培训。在项目开始前，所有团队成员都接受了关于当地文化、习俗和健康观念的培训。同时，也邀请当地社区领袖为团队提供文化指导。其次，采用了文化调适的健康教育方法。团队将健康信息融入当地的故事、音乐和艺术形式中，使其更易被接受和理解。例如，通过当地的传统戏剧形式来传播卫生知识。

组织还建立了社区参与机制。邀请当地社区领袖和传统治疗者参与项目设计和实施，以获得社区的信任和支持。通过与传统治疗者合作，团队找到了现代医学和传统疗法共存的方式。此外，实施了本地化策略。优先雇佣和培训当地员工，并逐步将项目管理权移交给当地团队。这不仅解决了语言问题，也为项目的长期可持续性奠定了基础。

为了应对文化差异带来的工作方式冲突，团队采用了灵活的工作模式。调整工作时间和流程以适应当地生活节奏，同时也逐步引入一些提高效率的做法。在技术支持方面，开发了适合当地条件的简化医疗程序和工具。例如，设计了易于使用和维护的医疗设备，并开发了图形化的诊断工具，减少语言依赖。

（四）成功因素分析

这个案例的成功归功于几个关键因素。首先是文化敏感性和适应性。团队不是简单地套用西方模式，而是努力理解和适应当地文化，这赢得了社区的信任和配合。其次是社区参与和赋权的理念。项目不是自上而下地实施，而是充分调动了社区的参与，这大大提高了项目的接受度和可持续性。创新和灵活性也是成功的关键。团队勇于尝试新的方法，如文化调适的健康教育，适应性强的医疗技术等，这些创新极大地提高了项目的效果。

本地化战略的采用同样功不可少。通过培养本地人才和逐步移交项目管理，不仅解决了即时的语言和文化障碍，还为项目的长期发展奠定了基础。这种做法体现了组织对当地社区能力建设的重视，而不仅仅是提供短期援助。持续学习和改进的态度也发挥了重要作用。团队定期评估项目进展，收集反馈，并根据实际情况调整策略。这种动态调整的方法使项目能够不断优化，适应不断变化的需求和挑战。

最后，跨学科合作的方法也是成功的关键因素。项目团队不仅包括医疗专业人士，还包括人类学家、社会工作者和当地文化专家等。这种跨学科的方法确保了项目能够从多个角度理解和解决问题，避免了单一视角可能带来的局限性。总的来说，这个案例展示了如何在复杂的跨文化环境中开展有效的健康援助工作。它不仅改善了当地社区的健康状况，还为国际援助项目如何更好地适应和尊重当地文化提供了宝贵的经验。

四、跨国教育合作项目

（一）案例背景：中美高校合作办学

本案例聚焦一个由中国和美国高校共同开展的合作办学项目。该项目旨在为学生提供国际化的教育体验，培养具有全球视野的人才。项目设立了联合学位课程，学生需在两国高校各学习两年。主要挑战包括教育理念差异、教学方法不同、学生适应问题、管理体制冲突以及如何确保教育质量的一致性。

这个项目的背景包含多个层面。从宏观角度看，它反映了全球化背景下高等教育国际化的趋势。中美两国作为世界上最大的两个经济体，其教育合作具有重要的战略意义。这种合作不仅涉及教育领域，还关联到文化交流、人才培养和国际关系等广泛议题。从机构层面来看，参与的中美高校都具有较高的学术声誉和国际化意愿。中方高校希望通过这种合作提升国际化水平，学习先进的教育理念和方法；美方高校则看重中国巨大的教育市场和培养了解中国的国际人才的机会。

从学生角度来看，这种合作项目提供了独特的学习体验。学生不仅可以获得两国的学位，还能深入体验两种不同的教育体系和文化环境。这对于培养学生的跨文化能力、国际视野和适应能力具有重要意义。然而，这种跨国学习模式也给学生带来了巨大的挑战，包括语言适应、学习方式转换、文化冲击等。项目的成功与否，很大程度上取决于如何帮助学生有效应对这些挑战。

（二）跨文化挑战

在这个中美合作办学项目中，跨文化挑战表现在多个方面。首先是教育理念的差异。中国教育传统上更注重知识传授和考试成绩，而美国教育则更强调实践能力。这种理念差异反映在课程设置、教学方法和评估标准等多个方面。例如，在课程设计上，中方可能更倾向于系统全面的知识覆盖，而美方则可能更注重选修课程的多样性和跨学科性。这种差异使得课程整合和学分互认成为一大挑战。

其次是教学方法的不同。中国课堂通常以教师讲授为主，学生较少参与讨论；而美国课堂则更强调互动和讨论，鼓励学生独立思考和表达观点。这种差异使得学生在两种教学环境之间切换时常感到不适应。中国学生可能在美国课堂中不习惯积极发言，而美国学生可能会觉得中国课堂缺乏互动。教师也面临着如何调整教学方法以适应不同文化背景学生的挑战。

第三个主要挑战是学生的适应问题。学生不仅要适应不同的教育体系，还要应对生活环境、社交方式、文化习俗等方面的巨大变化。语言障碍是一个普遍问题，尽管学生通过了语言测试，但在实际学习和生活中仍可能遇到困难。文化休克也是常见现象，表现为思乡、孤独感、社交障碍等。此外，学习方式的转换也给学生带来压力。例如，中国学生可能不习惯美国大学普遍采用的小组项目和课堂展示，而美国学生可能不适应中国大学的考试频率和强度。

（三）创新解决方案

为应对这些跨文化挑战，合作项目采取了一系列创新措施。首先是建立了综合的跨文化培训体系。在学生出国前，提供针对性的文化适应课程，包括语言强化、文化知识、学术技能等。同时，也为教师提供跨文化教学培训，提高他们对文化差异的敏感度和应对能力。这些培训不仅涉及表面的文化知识，还深入探讨了中美教育理念的差异，帮助参与者建立文化同理心。

其次，项目实施了创新的课程设计和教学方法。采用"混合式"课程模式，结合中美两国的教育优势。例如，在理论课程中引入更多案例讨论和实践环节，在实践课程中加强理论基础。教学方法上，鼓励教师采用多元化的教学策略，如翻转课堂、问题导向学习等，以适应不同学习风格的学生。同时，还引入了跨文化小组项目，让中美学生合作完成任务，在实践中提高跨文化沟通能力。

第三，建立了全面的学生支持系统。为学生提供学业和生活方面的指导。实施"伙伴计划"，为每位交换生配对一名本地学生，帮助其更快适应新环境。此外，还组织了丰富的课外文化活动，如文化之夜、语言角、节日庆祝等，促进中美学生的交流和相互了解。在学术支持方面，提供了针对性的辅导服务，如学术写作工作坊、研究方法培训等，帮助学生适应不同的学术要求。

第四章　国际汉语教育中的文化传播

第一节 文化传播的基本理论与实践

文化传播是国际汉语教育中不可或缺的重要组成部分。它不仅涉及语言知识的传授，更关乎文化内涵的深度交流。在全球化背景下，有效的文化传播能够促进不同文明间的理解与融合，为国际汉语教育注入持久的生命力。

一、文化传播的核心理论

（一）文化扩散理论

文化扩散理论阐述了文化要素如何在不同群体间传播的过程。在国际汉语教育中，这一理论为我们理解汉语文化的传播路径提供了重要指导。教育工作者需要认识到，文化传播并非单向输出，而是一个复杂的互动过程。例如，在教授中国传统节日文化时，我们不应仅仅介绍节日的起源和习俗，还应鼓励学生将其与本国类似节日进行比较，探讨文化差异背后的深层原因。这种双向互动不仅能增进学生对中国文化的理解，也能促进他们对自身文化的反思，从而实现更深层次的跨文化交流。

在实践中，我们可以设计一系列活动来促进文化扩散。比如，组织中外学生共同参与传统节日庆祝活动，让他们在亲身体验中感受中国文化的魅力。同时，也可以邀请外国学生分享他们国家的类似节日，通过对比和交流，加深对不同文化的认知。这种方法不仅能让学生更好地理解和接受中国文化，还能培养他们的跨文化思维能力。

文化扩散理论还强调了创新在文化传播中的重要性。在国际汉语教育中，我们需要不断创新教学方法和内容，使之更符合当代学习者的需求和兴趣。例如，可以利用现代科技手段，如虚拟现实技术，让学生身临其境地体验中国文化场景，增强学习的趣味性和实效性。通过这种创新方式，我们可以让文化传播更加生动有趣，更容易被接受和吸收。

（二）文化适应理论

文化适应理论探讨了个体在接触新文化时的心理和行为变化过程。在国际汉语教育中，了解和应用这一理论对于帮助学习者克服文化冲击、顺利适应中国文化环境至关重要。教育者需要认识到，文化适应是一个渐进的过程，包括蜜月期、文化冲击期、调整期和适应期等阶段。

在教学实践中，我们应根据学习者所处的不同阶段采取相应的策略。例如，对于刚接触中国文化的学习者，我们可以着重介绍一些容易理解和接受的文化元素，如中国美食、传统艺术等，激发他们的兴趣和热情。当学习者进入文化冲击期时，我们需要给予更多的心理支持和引导，帮助他们理解文化差异的根源，避免产生负面情绪。在调整期和适应期，我们可以逐步引入更深层次的文化内容，如中国哲学思想、社会价值观等，帮助学习者建立对中国文化的全面认知。

此外，文化适应理论还强调了个体差异在文化适应过程中的重要性。每个学习者的背景、性格和学习风格都不尽相同，因此我们需要采取个性化的教学方法。例如，对于内向型的学习者，我们可以提供更多的个人指导和小组讨论机会；而对于外向型的学习者，则可以鼓励他们参与更多的社交活动和文化实践。通过这种针对性的教学，我们可以帮助每个学习者更好地适应中国文化，提高学习效果。

（三）跨文化交际能力模型

跨文化交际能力模型为我们评估和提升学习者的文化交流能力提供了理论框架。这一模型通常包括知识、态度、技能和意识四个维度。在国际汉语教育中，我们需要全面培养学习者的跨文化交际能力，而不仅仅停留在语言知识的传授上。

在知识维度，我们需要帮助学习者建立对中国文化的系统认知，包括历史、地理、社会制度、风俗习惯等方面。这可以通过设计全面的课程体系来实现，如开设中国概况、中国历史文化等专门课程。在态度维度，我们要培养学习者对中国文化的开放态度和包容精神。这可以通过组织文化交流活动，让学习者直接与中国人交流，消除偏见和误解。

在技能维度，我们需要训练学习者的语言运用能力和非语言交际能力。例如，可以通过角色扮演、情景模拟等方式，让学习者练习在不同文化场景中的恰当表达。在意识维度，我们要培养学习者的文化敏感性和批判性思维。可以通过案例分析、文化对比等方法，让学习者意识到文化差异，并学会从多角度理解和分析文化现象。

通过全面培养学习者的跨文化交际能力，我们不仅能够提高他们的汉语水平，更能帮助他们成为真正的跨文化交流使者，促进中外文化的深度交流与融合。这也是国际汉语教育的终极目标之一。

二、文化传播的实践策略

（一）整合式教学法

整合式教学法强调将文化内容与语言教学有机结合，是国际汉语教育中行之有效的文化传播策略。这种方法不再将语言和文化割裂开来，而是在语言教学的各个环节中融入文化元素，让学习者在掌握语言的同时，自然而然地接触和理解中国文化。

在实践中，整合式教学法可以通过多种方式实现。例如，在词汇教学中，我们可以选择具有丰富文化内涵的词语进行重点讲解。比如教授颜色词时，不仅要教授基本的颜色词，还可以介绍中国传统文化中对颜色的特殊理解，如红色象征喜庆，白色代表哀悼等。这样，学生不仅学会了颜色词的用法，还了解了中国文化中的色彩象征意义。

在语法教学中，我们可以选择包含文化信息的例句来讲解语法点。比如在教授比较句时，可以使用描述中国不同地区饮食习惯的句子作为例句，既练习了语法，又让学生了解了中国的饮食文化。在阅读教学中，我们可以选择富有文内涵的文章作为教材，如中国古典诗词、成语故事等，通过阅读这些文本，学生不仅能提高阅读能力，还能深入了解中国文学和传统文化。

此外，整合式教学法还强调在课堂活动中融入文化元素。例如，在口语练习中，我们可以设计一些与中国文化相关的情景对话，如在中国茶馆点茶、在中国传统节日中互相祝福等。通过这些活动，学生不仅能练习口语表达，还能体验中国的社交礼仪和文化习俗。

（二）体验式学习

体验式学习强调通过直接参与和感受来获得知识和技能，是文化传播中极为有效的方法。在国际汉语教育中，体验式学习可以帮助学习者更深入、更直观地理解中国文化，从而产生更持久的学习效果。

在实践中，体验式学习可以通过多种形式开展。例如，我们可以组织学生参与中国传统手工艺制作，如剪纸、书法、陶艺等。通过亲手制作这些艺术品，学生不仅能学习相关的词汇和表达，还能体会到中国传统艺术的精髓和审美观念。这种直接参与的方式比单纯的讲解更能让学生产生对中国文化的认同感和亲近感。

另一种体验式学习的方式是角色扮演。我们可以设计一些模拟中国社会生活场景的角色扮演活动，如模拟中国传统婚礼、模拟中国古代科举考试等。通过这些活动，学生可以身临其境地体验中国的社会文化，理解中国人的思维方式和行为习惯。这种方法不仅能提高学生的语言应用能力，还能培养他们的跨文化交际能力。

此外，实地考察也是体验式学习的重要形式。如果条件允许，我们可以组织学生参观中国文化遗产地、博物馆、传统街区等。通过实地考察，学生可以直观地感受中国文化的历史积淀和当代发展，加深对中国文化的理解。即使无法进行实地考察，我们也可以利用虚拟现实技术，为学生创造虚拟的中国文化体验环境。

体验式学习的关键在于让学生成为学习的主体，而不是被动的接受者。通过这种方法，我们可以激发学生的学习兴趣，提高他们的文化敏感性，培养他们的跨文化思维能力。

（三）数字化教学资源的应用

在数字化时代，利用数字技术和网络资源进行文化传播已成为国际汉语教育的重要趋势。数字化教学资源不仅能提高教学效率，还能为学习者提供更丰富、更直观的文化体验。

在实践中，我们可以充分利用多媒体技术来展示中国文化。例如，使用高清视频介绍中国的自然景观、历史古迹、现代城市等，让学生直观地感受中国的地理环境和文化面貌。我们还可以利用动画技术重现中国历史事件或民间传说，使这些抽象的文化内容变得生动有趣。通过这些视听材料，学生可以在短时间内获得大量的文化信息，加深对中国文化的印象。

互联网资源也为文化传播提供了广阔的平台。我们可以利用社交媒体、在线论坛等平台，让学生与中国人进行直接交流，实现实时的文化交流。例如，可以组织中外学生在线讨论组，就特定的文化主题展开讨论，让学生在交流中加深对彼此文化的理解。此外，我们还可以利用在线学习平台，为学生提供丰富的自学资源，如中国文化专题讲座、在线汉语角等，让学生可以根据自己的兴趣和时间安排进行自主学习。

数字化教学资源的应用还体现在教学管理和评估方面。我们可以利用学习管理系统（LMS）来追踪学生的学习进度，分析他们的学习行为，从而提供更加个性化的学习建议。同时，我们还可以利用在线测评工具，对学生的文化知识和跨文化交际能力进行全面评估，为教学改进提供依据。

三、文化传播的效果评估

（一）定量评估方法

定量评估方法是衡量文化传播效果的重要手段，它通过数据分析来客观反映学习者的文化理解和接受程度。在国际汉语教育中，我们可以设计多种定量评估工具来测量文化传播的效果。

一种常用的定量评估方法是问卷调查。我们可以设计包含文化知识、文化态度、跨文化交际能力等多个维度的问卷，在文化传播活动前后对学习者进行测试。通过比较前后测试的结果，我们可以量化文化传播的效果。例如，我们可以设计一系列关于中国文化的选择题，测试学习者对中国历史、地理、风俗习惯等方面知识的掌握程度。同时，我们还可以设计李克特量表题目，测量学习者对中国文化的态度变化。

另一种定量评估方法是语言能力测试。虽然语言能力测试主要用于评估语言水平，但我们可以在测试中融入文化元素，间接评估文化传播的效果。例如，在阅读理解题中选用具有文化内涵的文章，在写作题目中要求学生描述或评论某个中国文化现象。通过分析学生在这些题目中的表现，我们可以了解他们对中国文化的理解程度和表达能力。

此外，我们还可以利用大数据分析技术来进行定量评估。例如，通过分析学生在线学习平台的使用数据，如浏览时间、点击率、完成率等，我们可以了解学生对不同文化主题的兴趣程度和学习投入度。这些数据可以帮助我们识别哪些文化内容更受欢迎，哪些传播方式更有效，从而为教学改进提供依据。

定量评估方法的优势在于其客观性和可比性。通过标准化的评估工具，我们可以在不同时间、不同群体间进行横向和纵向的比较，从而更准确地把握文化传播的效果和趋势。然而，我们也需要认识到，文化理解和接受是一个复杂的过程，单纯依赖定量数据可能无法全面反映学习者的真实情况。因此，定量评估应与定性评估相结合，以获得更全面、更深入的评估结果。

（二）定性评估方法

定性评估方法通过深入观察和分析学习者的行为、态度和反馈，来评估文化传播的效果。这种方法能够捕捉到定量评估可能忽略的细节和深层次变化，为我们提供更丰富、更具体的评估信息。

观察法是常用的定性评估方法之一。教师可以在课堂活动、文化实践等场合中观察学生的表现，记录他们的言行举止、情感表达等。例如，在组织中国传统节日庆祝活动时，我们可以观察学生的参与度、对中国习俗的理解和接受程度、与中国学生的互动情况等。这些观察可以帮助我们了解学生在实际情境中的文化适应能力和跨文化交际能力。

访谈是另一种重要的定性评估方法。通过与学生进行深入的一对一访谈或小组讨论，我们可以了解他们对中国文化的认知、感受和态度。例如，我们可以询问学生在学习中国文化过程中遇到的困难和收获，他们对中国文化的看法是否发生了变化，以及他们如何看待自身文化与中国文化的异同等。这些深入的交谈可以揭示学生的内心想法和文化认同的变化过程。

学习日志和反思报告也是有效的定性评估工具。我们可以要求学生定期记录他们的学习体验和感悟，或在某些重要的文化活动后撰写反思报告。通过分析这些文字材料，我们可以了解学生的文化学习轨迹，发现他们在认知和情感上的变化。例如，学生可能会在日志中记录他们初次品尝中国美食的感受，或者描述参加中国传统节日庆祝活动后的心得体会。这些个人化的记录能够反映出学生对中国文化的理解深度和情感联系。

案例分析也是定性评估的重要方法。我们可以选取一些具有代表性的学生案例，对其整个学习过程进行深入分析。通过追踪这些学生从初次接触中国文化到逐渐适应的全过程，我们可以获得关于文化传播效果的丰富信息。这种方法特别适合于发现文化传播中的典型问题和成功经验。

定性评估方法的优势在于其能够提供丰富、深入的评估信息，能够捕捉到学习者在文化理解和接受过程中的细微变化和个体差异。然而，定性评估也存在主观性较强、难以大规模实施等局限性。因此，在实际应用中，我们应当将定性评估与定量评估相结合，互为补充，以获得更全面、更准确的评估结果。

（三）综合评估体系

为了全面、准确地评估文化传播的效果，我们需要建立一个综合评估体系，将定量评估和定性评估有机结合，同时考虑到评估的持续性和多元化。这个综合评估体系应该包括以下几个方面：

首先，我们需要建立多维度的评估指标。这些指标应该涵盖文化知识、文化态度、跨文化交际能力、语言应用能力等多个方面。例如，文化知识指标可以包括对中国历史、地理、社会制度等方面的了解程度；文化态度指标可以包括对中国文化的兴趣度、认同感等；跨文化交际能力指标可以包括在跨文化环境中的适应能力、沟通能力等；语言应用能力指标则可以包括在文化情境中的语言表达能力等。

其次，我们需要采用多样化的评估方法。这包括问卷调查、语言测试、观察法、访谈法、学习日志分析等多种方法。每种方法都有其优势和局限性，通过综合运用这些方法，我们可以获得更全面、更准确的评估结果。例如，我们可以定期进行问卷调查和语言测试，以获得可量化的数据；同时，通过课堂观察和个人访谈，深入了解学生的学习体验和文化认知变化。

第三，我们需要建立持续性的评估机制。文化传播是一个长期的过程，其效果不能仅通过一次性的测评来判断。我们应该建立一个贯穿整个教学过程的评估体系，定期收集和分析数据，追踪学生的文化学习轨迹。例如，我们可以在每个学期开始和结束时进行系统的评估，同时在日常教学中进行持续的观察和记录。这种持续性的评估可以帮助我们及时发现问题，调整教学策略。

第四，我们需要重视评估的反馈和应用。评估的目的不仅是了解文化传播的效果，更重要的是为教学改进提供依据。我们应该建立一个评估结果反馈机制，将评估结果及时反馈给教师和学生，并用于指导教学实践。例如，根据评估结果调整教学内容和方法，为学生提供个性化的学习建议，优化文化传播策略等。

最后，我们还需要考虑到评估的情境化和个性化。不同的学习者有不同的文化背景和学习需求，因此评估也应该考虑到这些个体差异。我们可以设计一些开放性的评估任务，让学生在特定的文化情境中展示他们的理解和能力。同时，我们也应该鼓励学生进行自我评估，反思自己的文化学习过程。

通过建立这样一个综合评估体系，我们可以更全面、更准确地评估文化传播的效果，为国际汉语教育的质量提升提供有力支持。这个评估体系不仅能帮助我们了解学生的学习成果，也能为教学改进和政策制定提供重要依据，从而推动国际汉语教育的持续发展。

第二节 数字媒体在文化传播中的创新作用

在数字化时代，数字媒体已成为文化传播的重要载体和创新工具。它不仅改变了文化传播的方式和速度，也深刻影响了人们接受和理解文化的过程。在国际汉语教育中，充分利用数字媒体的创新作用，可以极大地提升文化传播的效果和效率。

一、数字媒体的特性及其对文化传播的影响

（一）即时性与互动性

数字媒体的一个显著特性是即时性和互动性。这种特性为文化传播提供了前所未有的机会，使得文化交流可以突破时空限制，实现实时互动。在国际汉语教育中，这种特性的应用体现在多个方面。

例如，我们可以利用社交媒体平台，如微博、微信等，为学习者提供实时的中国文化资讯。教师可以在这些平台上分享中国的节日庆祝活动、文化事件等，让学生即时了解中国文化的动态。学生也可以通过这些平台与中国人直接交流，提出问题，分享感受，实现真实的跨文化对话。

此外，我们还可以利用在线直播技术，组织虚拟文化体验活动。例如，可以直播中国传统节日庆祝现场，让世界各地的学习者同时参与其中，感受节日氛围。在直播过程中，学习者可以实时提问，与主持人互动，这种即时互动大大增强了文化体验的真实感和参与感。

数字媒体的互动性还体现在学习过程的个性化和自主性上。通过智能学习系统，我们可以为每个学习者提供个性化的学习内容和反馈。系统可以根据学习者的兴趣和学习进度，推荐相应的文化内容，并提供及时的评估和指导。这种个

性化的互动学习方式,可以极大地提高学习效率和学习兴趣。

（二）多媒体整合性

数字媒体的另一个重要特性是多媒体整合性。它可以将文字、图像、音频、视频等多种媒体形式整合在一起,创造出丰富多彩的文化呈现方式。这种特性为文化传播提供了更加生动、直观的表现手段。

在国际汉语教育中,我们可以充分利用这种特性来增强文化内容的表现力和吸引力。例如,在介绍中国传统艺术时,我们可以结合高清图片、视频演示和音频讲解,全方位展示艺术品的视觉美感、制作过程和文化内涵。这种多媒体呈现方式可以帮助学习者更全面、更深入地理解中国文化。

我们还可以利用虚拟现实（VR）和增强现实（AR）技术,为学习者创造身临其境的文化体验。例如,可以开发VR博物馆,让学习者足不出户就能漫步在中国历史文化的长廊中,近距离观察文物,了解历史故事。或者利用AR技术,在现实环境中叠加虚拟的文化信息,如在学习中国建筑时,通过手机扫描建筑图片,就能看到建筑结构的3D模型和相关文化解说。

多媒体整合性还体现在学习资源的组织和呈现上。我们可以开发数字化的中国文化学习平台,将各种类型的学习资源有机整合,形成系统的知识网络。学习者可以根据自己的兴趣和需求,自由选择不同形式的学习材料,实现多角度、多层次的文化学习。

（三）数据分析与个性化

数字媒体的第三个重要特性是其强大的数据收集和分析能力。这种特性为我们深入了解学习者的需求和行为,实现个性化教学提供了可能。在国际汉语教育中,我们可以利用这种特性来优化文化传播策略,提高教学效果。

通过分析学习者在数字平台上的行为数据,如浏览时长、点击率、完成率等,我们可以了解学习者对不同文化内容的兴趣程度和学习难度。例如,我们可以发现哪些类型的文化主题最受欢迎,哪些内容学习者觉得难以理解,从而有针对性地调整教学内容和方法。

　　基于数据分析，我们还可以为每个学习者提供个性化的学习建议和内容推荐。智能学习系统可以根据学习者的学习历史和表现，自动生成适合其水平和兴趣的学习路径。例如，对于对中国传统音乐感兴趣的学习者，系统可以推荐更多相关的音乐欣赏和文化背景知识；对于在理解中国哲学思想方面有困难的学习者，系统可以提供更多的解释和练习。

　　数据分析还可以用于评估文化传播的效果。通过跟踪学习者的长期学习数据，我们可以了解他们的文化理解和接受程度的变化趋势，从而评估文化传播策略的有效性。这些数据可以为教学改进和政策制定提供重要依据。

二、数字媒体在文化传播中的创新应用

（一）社交媒体与文化社群

　　社交媒体在文化传播中发挥着越来越重要的作用。它不仅是信息传播的渠道，更是文化交流和社群建设的平台。在国际汉语教育中，我们可以充分利用社交媒体的特性，创新文化传播的方式。

　　首先，我们可以利用社交媒体建立跨文化交流社群。例如，可以在Facebook或微信等平台上创建中文学习小组，邀请中国学生和外国学生共同参与。在这些社群中，学生可以分享学习心得、讨论文化话题、交流语言使用技巧等。这种点对点的交流方式可以增强学习的趣味性和实用性，同时也有助于培养学生的跨文化交际能力。

　　其次，我们可以利用社交媒体的内容创作功能，鼓励学生参与文化传播。例如，可以组织学生制作短视频介绍中国文化，或者创作与中国文化相关的图文内容。这些由学生自己创作的内容往往更贴近年轻人的审美和表达方式，更容易引起共鸣。同时，这种创作过程本身就是一种深度的文化学习和理解。

　　此外，社交媒体还可以用于组织线上文化活动。例如，可以通过直播功能举办中国文化讲座、语言角活动等。这些活动可以吸引更广泛的参与者，打破地理

限制，实现全球范围内的文化交流。

（二）数字游戏与沉浸式学习

数字游戏为文化传播提供了一种新的、沉浸式的学习方式。通过将文化学习融入游戏中，我们可以创造出更加有趣、更具吸引力的学习体验。在国际汉语教育中，我们可以开发各种类型的教育游戏来传播中国文化。

例如，我们可以开发一款模拟中国古代生活的角色扮演游戏。在游戏中，玩家可以扮演古代中国的不同角色，如商人、官员、文人等，体验当时的社会生活和文化环境。通过完成各种任务，玩家可以学习中国历史知识、传统礼仪、社会制度等。这种游戏化的学习方式可以让抽象的文化知识变得具体和生动。

另一种方式是开发语言学习类游戏。例如，可以设计一款解谜游戏，玩家需要运用中文知识来解开各种谜题，同时了解中国文化常识。或者开发一款模拟中国日常生活场景的游戏，玩家需要在不同场景中使用正确的中文表达来完成任务。这类游戏可以帮助学生在有趣的情境中练习语言，同时了解中国的社会文化。

此外，我们还可以利用虚拟现实技术开发沉浸式的文化体验游戏。例如，可以创建一个虚拟的中国古镇，让玩家在其中漫步，欣赏古建筑，参与传统节日活动，体验中国传统文化的魅力。这种身临其境的体验可以给学习者留下深刻的印象，增强文化学习的效果。

（三）人工智能与智能学习系统

人工智能技术为文化传播提供了强大的支持。在国际汉语教育中，我们可以利用AI技术开发智能学习系统，为学习者提供个性化、高效的学习体验。

首先，我们可以利用自然语言处理技术开发智能对话系统。这种系统可以模拟真人对话，帮助学习者练习中文口语，同时了解中国文化。例如，我们可以开发一个虚拟的中国文化导游，学习者可以与之进行对话，询问关于中国历史、地理、风俗等方面的问题。系统可以根据学习者的语言水平和兴趣，提供适当的回答和解释。

其次，我们可以利用机器学习技术开发智能评估系统。这种系统可以自动分析学习者的语言表达，评估其语言能力和文化理解水平。例如，系统可以分析学习者的作文或口语表达，识别其中的语法错误、文化误解等，并提供针对性的反馈和建议。这种即时、个性化的评估可以帮助学习者及时发现问题，改进学习方法。

此外，我们还可以利用AI技术开发智能推荐系统。这种系统可以根据学习者的学习历史、兴趣偏好等，自动推荐适合的学习内容和学习路径。例如，对于对中国音乐感兴趣的学习者，系统可以推荐相关的音乐欣赏课程、乐器介绍等内容；对于在理解中国哲学思想方面有困难的学习者，系统可以推荐一些基础知识和易懂的解释材料。

人工智能技术的应用可以大大提高文化传播的效率和针对性。它可以为每个学习者提供"私人教师"，实现真正的个性化学习。然而，我们也需要注意，AI系统应该是辅助工具，而不是替代人类教师。在使用这些技术时，我们需要保持人文关怀，确保文化传播的温度和深度。

三、数字媒体应用的挑战与对策

（一）数字鸿沟问题

尽管数字媒体为文化传播带来了巨大机遇，但我们也需要注意到数字鸿沟问题。不同地区、不同群体之间在数字设备和网络接入方面存在差距，这可能导致文化传播的不均衡。在国际汉语教育中，我们需要采取措施来缓解这一问题。

首先，我们需要开发适应不同技术条件的学习资源。例如，除了高带宽要求的多媒体内容，我们也应该提供低带宽版本或离线版本的学习材料。对于一些复杂的在线学习系统，我们可以开发简化版的移动应用，以适应那些主要依赖手机上网的学习者。

其次，我们可以与当地教育机构合作，建立数字学习中心。在一些网络基础设施不完善的地区，我们可以在学校或社区中心设立配备电脑和网络的学习空间，让更多学习者能够接触到数字化的中文学习资源。

此外，我们还需要加强数字技能培训。对于那些不太熟悉数字技术的学习者，我们可以提供简单的技术培训，教会他们如何使用数字学习工具。这不仅有助于他们更好地学习中文，也能提高他们的整体数字素养。

数字素养是数字时代历史条件下社会之于人的能力诉求，数字素养教育是数字时代历史条件下社会之于教育的使命诉求。在数字素养教育共同体的建构中，学校作为专职教育部门，是实施数字素养教育的关键性基础单位，担负着重要的教育奠基使命；而课堂教学作为学校教育活动的基本单元，自然就成了推行数字素养教育的"前沿阵地"，任课教师也就成了实施数字素养教育的"排头兵"。高等学校专业课任课教师应当清醒地认识到，课堂和教师是数字素养教育的基点和主力军，专业课教学需要主动融入数字素养教育的内容，主动担负起知识传授、技能培养和态度塑造等开局性数字素养教育任务，确保大学课堂的数字素养教育见功见效，为数字素养教育的可持续发展开好局、起好步。

（二）信息过载与注意力分散

数字媒体环境下的另一个挑战是信息过载和注意力分散。面对海量的信息和各种吸引人的数字内容，学习者可能难以专注于系统的文化学习。针对这一问题，我们需要采取一些策略来提高学习的专注度和效率。

首先，我们需要优化内容设计，提高信息的质量和相关性。例如，我们可以采用微课程的形式，将复杂的文化知识拆分成简短、精练的学习单元。每个单元聚焦一个具体的知识点或技能，配以简洁的说明和生动的示例，帮助学习者快速掌握核心内容。

其次，我们可以利用游戏化设计来增强学习的吸引力。例如，设置学习任务和奖励机制，鼓励学习者持续学习；或者设计一些有趣的挑战和竞赛，激发学习者的兴趣和动力。这些游戏化元素可以帮助学习者保持专注，增强学习的趣味性。

此外，我们还需要培养学习者的自主学习能力和时间管理技能。可以提供一些学习策略指导，教会学习者如何在数字环境中高效学习，如何避免分心，如何合理安排学习时间等。这些技能不仅有助于中文学习，也是终身学习的重要基础。

（三）文化深度与表面化问题

数字媒体的快速传播特性可能导致文化传播的表面化，难以传达文化的深层内涵。如何在快节奏的数字环境中实现深度的文化传播，是我们面临的另一个挑战。

首先，我们需要在内容设计上注重层次性和系统性。可以采用"由浅入深"的策略，先以生动有趣的方式呈现文化表象，吸引学习者的兴趣，然后逐步引导他们探索更深层的文化内涵。例如，在介绍中国节日时，可以先展示热闹的庆祝场景，然后逐步介绍节日的历史由来、文化寓意等。

其次，我们可以利用数字媒体的互动性，设计一些深度思考和讨论活动。例如，可以在学习平台上设置文化讨论区，鼓励学习者就某些文化现象展开深入讨论。或者组织在线读书会，共同阅读和讨论中国经典文学作品，探讨其中的文化内涵。

此外，我们还可以利用大数据分析，识别学习者的兴趣点和疑惑点，有针对性地提供深度解析。例如，通过分析学习者的搜索记录和讨论内容，我们可以发现他们对哪些文化主题有深入了解的需求，然后提供相应的深度内容。

总的来说，数字媒体为国际汉语教育中的文化传播带来了巨大机遇和挑战。我们需要充分利用数字媒体的优势，创新传播方式，同时也要注意应对可能出现的问题。通过合理运用数字技术，我们可以实现更加高效、深入、个性化的文化传播，推动国际汉语教育的发展。

第三节 实用文化传播技巧与方法

在国际汉语教育中，有效的文化传播不仅需要先进的技术支持，更需要一系列实用的技巧和方法。这些技巧和方法可以帮助教育者更好地设计和实施文化教学活动，提高学习者的文化理解和接受能力。本节将从几个关键方面探讨实用的文化传播技巧与方法。

一、文化对比法

（一）理论基础

文化对比法是基于跨文化交际理论和文化相对主义的一种教学方法。这种方法强调通过比较不同文化之间的异同，帮助学习者更深入地理解目标文化，同时也促进他们对自身文化的反思。文化相对主义认为每种文化都有其独特的价值和意义，应该在其特定的历史和社会背景下理解。这一观点为文化对比法提供了重要的理论支撑，它鼓励学习者以开放和包容的态度看待不同文化，避免用自身文化标准简单地评判其他文化。跨文化交际理论则强调文化间的交流和理解是一个互动的过程，需要双方的参与和努力。这一理论指导我们在进行文化对比时，不仅要关注文化差异，还要探讨如何在差异中寻找共通点，建立有效的跨文化沟通。

认知心理学的研究表明，对比和类比是人类认知的重要方式，通过对比可以加深对新概念的理解。这一发现为文化对比法提供了心理学基础，说明了为什么通过对比学习可以更有效地理解新的文化概念。在实际教学中，我们可以利用这一认知特点，通过设计结构化的对比活动，帮助学习者更清晰地认识不同文化的特点。例如，在比较中西方节日文化时，我们可以设计对比表格，让学习者填写不同文化中节日的庆祝方式、食物、服饰等要素，通过这种直观的对比，学习者可以更容易发现文化间的异同。

文化对比法还借鉴了建构主义学习理论的观点，强调学习者在对比过程中的主动参与和思考。这种方法不是简单地由教师列举不同文化的特点，而是鼓励学习者自主发现和分析文化差异。通过这种主动建构的过程，学习者不仅能获得对目标文化的深入理解，还能培养批判性思维和跨文化分析能力。例如，在讨论中国的"关系"文化时，我们可以让学习者先回顾自己文化中的人际关系处理方式，然后通过案例分析和讨论，逐步认识中国"关系"文化的特点和内涵。这种由学习者主导的对比过程，可以激发他们的学习兴趣，促进深层次的文化理解。

（二）实施步骤

在国际汉语教育中实施文化对比法，需要遵循一定的步骤和原则。首先，选择合适的对比主题至关重要。这些主题应既有普遍性又有文化特殊性，如节日庆祝、饮食习惯、家庭观念等。选题时应考虑学习者的文化背景和兴趣，选择那些既能引起共鸣又能展现文化差异的主题。例如，对于来自不同文化背景的学习者，我们可以选择"新年庆祝"这个主题，因为几乎每种文化都有自己的新年传统，但具体的庆祝方式和文化内涵可能大不相同。通过这种主题的对比，学习者可以在熟悉的概念基础上，深入理解中国春节的独特之处。

其次，呈现中国文化内容时，应采用多种媒体形式，如视频、图片、文字等，全方位展示相关的中国文化内容。这种多模态的呈现方式可以照顾到不同学习风格的学习者，增加文化信息的丰富性和生动性。例如，在介绍中国春节时，我们可以播放春节庆祝的纪录片片段，展示春联、红包等实物图片，同时提供文字说明春节习俗的由来和意义。这种全面的呈现方式可以帮助学习者构建对中国春节的立体认知，为后续的对比分析提供丰富的素材。

在呈现完中国文化内容后，下一步是引导学生回顾自身文化。这一步骤非常重要，因为只有在充分认识自身文化的基础上，学习者才能进行有意义的文化对比。教师可以设计一些引导性问题，帮助学生系统地回顾和表达自己文化中与主题相关的内容。例如，在讨论新年庆祝时，可以请学生描述自己国家的新年传统，包括庆祝的时间、方式、食物、服饰等具体细节。这个过程不仅可以激活学生的已有知识，也能培养他们用目标语言表达自身文化的能力。同时，这种回顾也能帮助学生意识到文化的多样性，为后续的文化对比奠定基础。

（三）应用案例

以"春节"为例，我们可以这样运用文化对比法：首先，通过视频和图片展示中国春节的庆祝场景，介绍相关习俗如贴春联、放鞭炮、吃团圆饭等。这一步骤的关键是要全面而生动地呈现春节的氛围和内涵。例如，我们可以选择一个典型中国家庭过春节的纪录片片段，让学生观察春节前后的准备工作、除夕夜的团圆饭、初一的拜年活动等。同时，我们可以展示一些春节特有的物品，如春联、红包、年画等，并解释这些物品的文化意义。通过这种多角度的展示，学生可以对中国春节形成一个整体的印象，为后续的对比分析做好准备。

然后，请学生分享自己国家的重要节日，描述庆祝方式和习俗。这个环节要鼓励学生尽可能详细地描述，包括节日的起源、庆祝的时间、主要活动、特色食物、传统服饰等。教师可以提供一些引导性问题，帮助学生全面回顾自己文化中的节日传统。例如，可以询问节日的历史背景、家人团聚的方式、特殊食物的象征意义等。这个过程不仅能帮助学生用中文表达自己的文化，也能让全班了解不同国家的节日文化，为后续的对比讨论提供丰富的素材。

接下来，引导学生比较中国春节和自己国家节日的异同，如家人团聚的重要性、特殊食物的意义等。这个环节是文化对比的核心，教师需要引导学生不只是列举表面的差异，而是深入思考这些差异背后的文化原因。例如，可以讨论为什么中国春节特别强调家庭团圆，这与中国的家庭观念有什么关系。又如，可以比较不同文化中新年食物的寓意，探讨这些寓意如何反映了不同文化的价值观。通过这种深入的对比和讨论，学生不仅能更深入地理解中国的春节文化，也能对自身文化有新的认识，培养跨文化思维能力。最后，鼓励学生思考这些文化差异对跨文化交际的影响，如何在尊重差异的基础上增进理解。这个环节旨在将文化学习与实际交际能力结合起来，帮助学生将文化知识转化为跨文化交际的技能。

二、情境教学法

（一）理论基础

情境教学法是基于建构主义学习理论和情境认知理论的教学方法。这种方法强调在真实或模拟的情境中进行学习，让学习者通过实际体验和互动来理解和内化文化知识。建构主义学习理论认为，学习是一个主动建构知识的过程，学习者需要在具体情境中通过实践和反思来构建自己的理解。这一理论为情境教学法提供了重要的理论支撑，它强调学习者在学习过程中的主动性和参与性。在文化学习中，这意味着我们不应该简单地向学习者灌输文化知识，而是应该创造条件，让他们在具体的文化情境中亲身体验，从而构建对文化的理解。

情境认知理论则进一步强调，知识和技能的学习是与特定情境密切相关的，脱离实际情境的学习可能难以迁移到实际应用中。这一理论对文化学习特别重要，因为文化本身就是在特定社会情境中形成和表现的。例如，学习中国的礼仪文化，如果只是记忆一些抽象的规则，学习者可能难以在实际交际中恰当运用。但如果在模拟的社交场景中练习，学习者就能更好地理解这些礼仪规则的应用背景和具体表现。因此，情境教学法强调创造接近真实的文化环境，让学习者在情境中学习和实践文化知识。

此外，情境教学法还借鉴了社会学习理论的观点，强调学习的社会性。这一理论认为，学习不仅是个体的认知过程，也是社会互动的结果。在文化学习中，这意味着我们应该为学习者创造与他人互动的机会，通过社交实践来理解和内化文化规范。例如，在学习中国的饮食文化时，我们可以组织学生一起准备和品尝中国菜，在这个过程中，学生不仅能学到具体的烹饪技巧，还能通过与同伴的交流和合作，深入理解中国饮食文化中的社交礼仪和价值观。

（二）实施策略

在国际汉语教育的文化传播中，我们可以采用多种策略来实施情境教学法。首先，创设真实情境是关键。我们应尽可能创造接近真实的文化环境，让学习者能够身临其境地体验中国文化。例如，在教授中国传统节日文化时，我们可以在教室中布置相应的节日装饰，如春节时贴春联、挂红灯笼，中秋节时摆放月饼和花灯等。这种视觉上的情境创设可以立即将学习者带入特定的文化氛围中。除了物理环境的布置，我们还可以利用多媒体技术，如播放节日庆祝的视频、音乐等，创造更加丰富的感官体验。对于一些难以在教室中直接呈现的文化场景，如参观中国古建筑，我们可以考虑组织实地考察活动，让学习者亲身体验真实的文化环境。

其次，角色扮演是情境教学法中非常有效的策略。通过设计各种文化情境下的角色扮演活动，我们可以让学生在模拟的情境中体验中国文化，练习相关的语言和行为表现。例如，在教授中国商务礼仪时，我们可以设计一个模拟的商务会议场景，让学生扮演不同的角色，如中国公司的代表、外国客户等，练习相互介绍、交换名片、寒暄等环节。在这个过程中，学生不仅能学习到具体的礼仪规范，还能体会到中国商务文化中的一些隐含规则，如注重关系建立、讲究面子等。通过这种沉浸式的体验，学生能更深刻地理解文化规范背后的原因和意义。

此外，任务型学习也是情境教学法的重要策略。我们可以设计一些需要运用文化知识来完成的实际任务，让学习者在完成任务的过程中自然而然地习得和运用文化知识。例如，我们可以组织学生策划一次中国传统节日庆祝活动，让他们负责活动的各个环节，包括选择适当的装饰、准备传统食物、安排庆祝活动等。在这个过程中，学生需要查阅资料，了解节日的文化背景和传统习俗，同时还要考虑如何在当地条件下最好地呈现中国文化。这种任务不仅能让学生深入学习特定的文化知识，还能培养他们的文化适应能力和创新能力，因为他们需要考虑如何在不同的文化背景下传播中国文化。

（三）实例分析

以教授中国茶文化为例，我们可以这样运用情境教学法：首先，在教室中布置一个简单的茶室环境，准备茶具和茶叶。这一步骤的关键是要尽可能还原真实的茶室氛围。我们可以准备传统的茶桌、蜡烛、茶宠等装饰物品，选择合适的背景音乐，如古琴曲等，创造一个宁静、雅致的环境。这种环境设置不仅能吸引学生的注意力，还能让他们从一进入教室就感受到中国茶文化的独特氛围。在准备茶具时，我们可以选择不同种类的茶具，如紫砂壶、盖碗、玻璃杯等，让学生了解不同茶具的用途和特点。同时，准备几种常见的中国茶，如龙井、铁观音、普洱等，让学生通过视觉、嗅觉、味觉全方位感受中国茶的多样性。

然后，教师示范茶艺，解释每个步骤的文化含义。在这个环节，教师不仅要展示茶艺的具体操作，更要注重解释每个动作背后的文化内涵。例如，在洗茶具时，可以解释"先礼后兵"的中国传统思想；在观察茶汤时，可以引入中国人"以茶修身"的理念。教师可以边示范边讲解，让学生理解茶艺不仅是一种技能，更是一种文化和生活方式的体现。在示范过程中，教师可以邀请学生参与一些简单的步骤，如闻茶香、观茶汤等，增加互动性。之后，可以让学生分组练习泡茶，体验茶道的流程。在这个过程中，教师应该巡视指导，纠正学生的动作，同时鼓励学生互相交流感受。这种亲身实践可以帮助学生更深刻地理解和记忆茶艺的流程和要点。

接着，组织一次茶话会，让学生在品茶的过程中进行中文对话，体验茶文化中的社交礼仪。这个环节旨在将茶艺学习与语言交际结合起来，让学生在实际的社交情境中运用所学知识。教师可以提供一些与茶文化相关的话题，如"你最喜欢哪种中国茶？为什么？""你认为茶文化反映了中国文化的哪些特点？"等，引导学生展开讨论。在这个过程中，学生不仅能练习中文口语，还能体验中国人"以茶会友"的传统。教师应注意观察学生的表现，包括他们如何倒茶、如何向他人递茶、如何表达感谢等，这些细节都反映了学生对中国茶文化礼仪的理解和掌握程度。

之后，安排学生参观当地的茶叶商店或茶馆，了解茶文化在现代生活中的应用。这个实地考察活动可以让学生将课堂所学与现实生活联系起来。在茶叶商店，学生可以了解不同种类茶叶的特点、产地、价格等信息，体会茶叶作为商品的经济价值。在茶馆，学生可以观察现代人如何享受茶文化，体会茶文化在当代社会的延续和变迁。教师可以要求学生在参观过程中完成一些任务，如采访店主或顾客，记录自己的观察和思考等。这种实地考察可以加深学生对茶文化的理解，让他们认识到文化既有传统的一面，也有现代的发展。

最后，组织学生讨论茶文化体现的中国哲学思想，如"和"的概念，以及与自己文化中饮茶习惯的异同。这个环节旨在将具体的文化体验上升到哲学层面的思考。教师可以引导学生思考为什么中国人说"品茶如品人生"，茶文化中的哪些元素反映了中国人的处世哲学。同时，鼓励学生比较中国茶文化与自己国家的饮茶习惯，探讨文化差异背后的原因。这种深层次的讨论可以帮助学生建立对文化的批判性思考能力，避免简单地接受或拒绝某种文化现象。通过这种情境化的学习，学生不仅能掌握茶艺技能，更能深入理解茶文化所蕴含的中国文化精神，实现真正的跨文化理解。

三、多模态教学法

（一）理论依据

多模态教学法是基于多模态学习理论和多元智能理论的教学方法。这种方法强调通过多种感官通道和表现形式来呈现和学习文化知识，以适应不同学习者的需求和偏好。多模态学习理论认为，人类的认知和学习是通过多种感官和符号系统进行的，结合不同模态的信息可以促进更深入的理解和记忆。这一理论揭示了人类认知的复杂性，指出单一模态的信息输入可能无法充分激活大脑的各个区域，而多模态的信息输入可以更全面地调动认知资源，从而提高学习效果。在文化学习中，这一理论特别重要，因为文化本身就是多模态的，包含视觉、听觉、触觉等多种感官体验。例如，学习中国的传统节日文化，如果只是阅读文字描述，学习者可能难以真正感受节日的氛围。但如果结合视频、音乐、实物等多模态材料，学习者就能更全面地理解和体验节日文化。

多元智能理论则指出，人类具有多种类型的智能，如语言智能、空间智能、音乐智能、人际智能等，教学应该照顾到这些不同类型的智能。这一理论为多模态教学法提供了重要的理论支持，它提醒我们在教学设计时要考虑到学习者的多样性，不能用单一的方式来进行文化教学。例如，在教授中国书法时，我们不仅要通过视觉方式展示书法作品，还可以让学生亲自体验执笔的感觉，理解力与美的结合；同时，我们还可以介绍书法中的音乐美，让具有音乐智能的学生从另一个角度欣赏书法艺术。通过这种多元智能的教学方式，我们可以照顾到不同学习者的优势，让每个学生都能找到适合自己的学习方式。

此外，多模态教学法还借鉴了认知负荷理论的观点，强调合理分配和管理认知资源。这一理论指出，人类的工作记忆容量是有限的，过多或不恰当的信息输入可能导致认知超负荷，反而影响学习效果。因此，在运用多模态教学法时，我们需要注意不同模态之间的协调和平衡，避免信息冗余或相互干扰。例如，在使用视频材料时，我们需要考虑是否同时提供文字说明，以及如何安排学习者的注意力在视觉和听觉信息之间合理分配。这种基于认知科学的考虑可以帮助我们更有效地设计多模态教学活动。

（二）实施方法

在国际汉语教育的文化传播中，我们可以采用多种方法来实施多模态教学。首先，视觉呈现是最常用的方法之一。我们可以使用图片、视频、动画等视觉材料来展示文化内容。例如，在介绍中国传统建筑时，我们可以使用高清图片展示不同风格的建筑，使用3D动画演示建筑结构，使用视频展示建筑在不同季节、不同时间的景象。这种多角度的视觉呈现可以帮助学习者建立对中国建筑的立体认知。在选择视觉材料时，我们需要注意材料的质量和多样性，尽量选择那些能够展现文化细节和内涵的材料。同时，我们还可以鼓励学生创作视觉材料，如绘制中国建筑的草图，制作建筑模型等，这种创作过程可以加深学生对建筑特征的理解和记忆。

听觉体验是另一个重要的多模态教学方法。我们可以利用音乐、口述历史、有声读物等听觉材料来传递文化信息。例如，在教授中国音乐文化时，我们可以播放不同风格的中国音乐，让学生体验中国音乐的多样性；我们可以使用口述历史材料，让学生听老一辈人讲述中国的变迁；我们还可以使用中国古典诗词的朗诵音频，让学生感受语言的韵律美。在使用听觉材料时，我们需要注意选择清晰、有代表性的音频，并结合适当的视觉或文字说明，帮助学生理解听觉信息。此外，我们还可以组织一些听觉相关的活动，如猜音乐、模仿朗诵等，增加学习的互动性和趣味性。

动手实践是多模态教学中非常有效的方法，特别适合传授那些需要技能和体验的文化内容。我们可以组织手工制作、烹饪、书法等实践活动，让学生通过动手来体验文化。例如，在学习中国剪纸艺术时，我们可以准备剪纸工具和材料，指导学生亲自尝试剪纸。在这个过程中，学生不仅能学习剪纸的技巧，还能体会到剪纸艺术中蕴含的对称美、寓意等文化内涵。在组织实践活动时，我们需要注意活动的难度要适中，既要有挑战性，又不能太困难而打击学生的信心。同时，我们还应该鼓励学生在实践中创新，将中国文化元素与自己的文化背景结合，创作具有跨文化特色的作品。

（三）案例说明

以教授中国传统节日"端午节"为例，我们可以这样运用多模态教学法：首先，在视觉模态方面，我们可以展示端午节的图片和视频，如赛龙舟、挂艾草的场景。这些视觉材料可以直观地展示端午节的氛围和主要活动。我们可以选择一些高质量的图片，展示不同地区的端午节庆祝场景，让学生了解端午节习俗的多样性。同时，我们可以播放赛龙舟的视频，让学生感受这项传统运动的激烈和精彩。在展示这些视觉材料时，教师应该引导学生观察细节，如人们穿的衣服、使用的器具等，这些细节都蕴含着丰富的文化信息。此外，我们还可以使用动画来介绍端午节的起源传说，如屈原的故事，这种生动的视觉呈现可以帮助学生更好地理解节日的文化背景。

在听觉模态方面，我们可以播放与端午节相关的音乐和诗歌，如屈原的诗作朗诵。中国古代诗人创作了许多描写端午节的诗歌，通过欣赏这些诗歌的朗诵，学生可以感受中国文学的美，同时了解古人如何看待这个节日。我们还可以播放赛龙舟时的鼓声和加油声，让学生通过声音感受节日的热闹氛围。此外，一些地方还有专门的端午节歌谣，我们可以教学生学唱这些歌谣，通过音乐的方式加深对节日文化的理解和记忆。在使用这些听觉材料时，教师应该提供必要的背景说明，帮助学生理解音乐和诗歌中的文化含义。

触觉模态的运用可以让学生更直接地体验端午节文化。我们可以组织学生动手包粽子，体验传统食品的制作过程。在包粽子的过程中，学生可以感受到粽叶的质地，学习如何用粽叶包裹糯米，体会这项看似简单实则需要技巧的传统工艺。通过这种亲身体验，学生不仅学会了一项文化技能，还能更深刻地理解粽子在端午节中的文化意义。除了包粽子，我们还可以让学生体验系五彩线、制作香包等端午节传统活动，这些动手实践可以加深学生对节日习俗的理解和记忆。

在动觉模态方面，我们可以教授简单的龙舟划桨动作，让学生体验龙舟运动的感觉。虽然在教室里无法进行实际的龙舟训练，但我们可以通过模拟动作，让学生理解龙舟运动需要的技巧和团队协作精神。我们可以组织学生分组进行模拟划桨比赛，这种活动不仅能增加课堂的趣味性，还能让学生体会到端午节赛龙舟活动中的竞技精神和团队合作。在教授划桨动作时，教师可以结合讲解龙舟运动的历史和文化意义，让学生理解这项运动如何从祭祀仪式演变为现代体育项目。

嗅觉和味觉模态的运用可以让学生更全面地感受端午节的特色。我们可以准备艾草和菖蒲，让学生闻一闻端午节特有的香味。艾草和菖蒲在中国传统文化中被认为有驱邪避疫的作用，通过嗅闻这些植物的气味，学生可以更直观地理解端午节"驱瘟祛病"的文化内涵。在味觉方面，我们可以让学生品尝粽子，体验节日食品的味道。可以准备不同馅料的粽子，让学生比较品尝，了解不同地区的粽子特色。在品尝过程中，教师可以引导学生思考为什么粽子会成为端午节的传统食品，以及粽子的形状和包装方式有什么寓意。这种通过味觉和嗅觉的体验，可以让学生对端午节文化有更深刻的感受和记忆。

数字互动模态的应用可以为传统文化教学注入新的活力。我们可以使用虚拟现实技术，让学生"参与"虚拟的赛龙舟活动。通过VR设备，学生可以身临其境地体验坐在龙舟上划桨的感觉，感受比赛的紧张氛围。这种沉浸式的体验可以激发学生的学习兴趣，让他们对龙舟文化有更直观的理解。此外，我们还可以开发一些与端午节相关的互动游戏，如在线包粽子比赛、端午节知识问答等。这些数字化的互动活动可以增加学习的趣味性，同时也能巩固学生对端午节文化的理解。在使用这些数字工具时，教师应该注意引导学生反思，将虚拟体验与实际文化知识结合起来，避免学习流于表面的娱乐。

通过这种多模态的学习方式，学生可以全方位地感受和理解端午节的文化内涵，加深对这一传统节日的印象和理解。视觉模态帮助学生直观地了解节日的场景和活动；听觉模态让学生感受节日的氛围和文学艺术；触觉和动觉模态让学生亲身体验传统习俗；嗅觉和味觉模态让学生感受节日的特色风味；数字互动模态则为学习增添了新的维度和乐趣。这种全方位、多角度的学习方式不仅能满足不同学习风格学生的需求，还能帮助学生建立对端午节文化更全面、更深入的理解。

在实施多模态教学时，教师需要注意各种模态之间的协调和平衡。不同模态的运用应该相互补充，形成一个有机的整体，而不是简单的堆砌。例如，在展示视频材料时，可以配合适当的背景音乐和解说，让视觉和听觉信息相互强化；在进行动手实践时，可以同时播放相关的文化解说，让动作和知识学习同步进行。教师还需要根据学生的反应及时调整教学策略，确保每个学生都能从多模态教学中受益。

此外，多模态教学法还应该注重培养学生的文化反思能力。在感官体验之外，我们应该引导学生思考这些文化现象背后的意义。例如，在学习端午节文化后，可以组织学生讨论这个节日如何反映了中国人的价值观念，以及它在现代社会中的传承和发展。这种深层次的思考可以帮助学生将感性认识上升到理性层面，实现真正的文化理解和跨文化思维能力的培养。

综上所述，文化对比法、情境教学法和多模态教学法都是在国际汉语教育中进行文化传播的有效方法。这些方法从不同角度促进了学习者对中国文化的理解和内化，有助于培养他们的跨文化交际能力。在实际教学中，我们可以根据具体的教学内容和学习者特点，灵活运用这些方法，或将它们结合起来，以实现最佳的文化传播效果。同时，我们也应该注意，无论采用何种方法，都应该尊重学习者的文化背景，鼓励文化间的对话和交流，避免文化偏见和刻板印象。只有这样，才能真正实现文化的互鉴和共享，推动国际汉语教育的深入发展。

在未来的国际汉语教育实践中，我们还需要继续探索和创新文化传播的方法。随着科技的发展和社会的变迁，学习者的需求和学习方式也在不断变化。我们应该保持开放和创新的态度，不断吸收新的教育理念和技术，发展出更加有效、更加符合时代需求的文化传播方法。同时，我们也需要加强对这些方法的实证研究，通过科学的评估来验证和改进这些方法的效果。只有这样，我们才能不断提高国际汉语教育的质量，为促进中国文化的国际传播和跨文化理解做出更大的贡献。

第四节　学习者的文化适应与反馈机制

在国际汉语教育中，学习者的文化适应过程和相应的反馈机制是确保文化传播有效性的关键环节。本节将深入探讨学习者在接触中国文化过程中可能面临的适应问题，以及如何建立有效的反馈机制来支持他们的文化学习和适应。

一、文化适应理论与实践

（一）文化适应的概念与模型

文化适应是指个体在面对新的文化环境时，在认知、情感和行为等方面所经历的变化过程。在国际汉语教育中，学习者不仅需要适应新的语言系统，还需要理解和接纳中国文化的各个方面。文化适应理论为我们理解这一过程提供了重要的理论框架。其中，最为人熟知的是奥伯格提出的 U 型曲线模型。这个模型描述了文化适应的四个阶段：蜜月期、文化冲击期、调整期和适应期。在蜜月期，学习者对新文化充满好奇和兴奋；在文化冲击期，他们开始感受到文化差异带来的不适和挫折；在调整期，学习者逐渐学会应对文化差异；最后在适应期，他们能够自如地在新文化环境中生活和学习。

然而，我们需要注意到，这种线性的适应模型可能过于简化了文化适应的复杂性。实际上，文化适应是一个动态的、循环的过程，学习者可能在不同时期反复经历这些阶段。例如，一个学习者可能在语言学习方面已经进入适应期，但在社交礼仪方面可能仍处于文化冲击期。因此，在实际教学中，我们需要采取更加灵活和个性化的方法来理解和支持学习者的文化适应过程。

此外，贝里提出的文化适应策略模型也为我们提供了有益的视角。这个模型描述了四种可能的文化适应策略：同化、分离、整合和边缘化。同化策略指放弃原有文化，完全接受新文化；分离策略指坚持原有文化，拒绝接受新文化；整合策略指在保持原有文化的同时，也接受新文化；边缘化策略指既不保持原有文化，也不接受新文化。在国际汉语教育中，我们应该鼓励学习者采取整合策略，既保持自身文化认同，又积极学习和接纳中国文化。这种策略不仅有利于学习者的心理健康，也能促进真正的跨文化理解和交流。

（二）文化适应的影响因素

影响学习者文化适应的因素是多方面的，包括个人因素、环境因素和文化距离等。在个人因素方面，学习者的年龄、性格、先前的跨文化经验、语言能力等都会影响其文化适应能力。例如，年轻的学习者可能比年长者更容易适应新文化；性格开放、乐于尝试新事物的学习者可能比性格保守的学习者适应得更快；有丰富跨文化经验的学习者可能比首次接触外国文化的学习者更容易应对文化差异。语言能力也是一个关键因素，因为语言不仅是交流的工具，也是理解文化的媒介。语言能力较强的学习者通常能更快地适应新的文化环境，因为他们可以更容易地理解文化内涵，并与当地人进行有效沟通。

环境因素同样重要，包括学习环境、社交支持网络、当地社会的开放程度等。例如，在一个文化多元、包容性强的学习环境中，学习者可能更容易适应新文化。良好的社交支持网络，无论是来自同伴、教师还是当地社区，都能为学习者提供情感支持和实际帮助，从而促进文化适应。此外，当地社会对外国人的态度也会影响学习者的适应过程。如果当地社会开放友好，学习者可能会感到更加受欢迎，从而更愿意融入新文化。

文化距离是另一个重要因素，指的是学习者原有文化与目标文化之间的差异程度。一般来说，文化距离越大，适应难度就越大。例如，对于来自东亚国家的学习者，由于与中国文化有较多共通之处，可能比来自西方国家的学习者更容易适应中国文化。然而，我们也需要注意，文化距离并不完全决定适应的难易程度。有时，看似相近的文化反而可能因为细微的差异而造成误解和适应困难。因此，在教学中我们需要对各种文化背景的学习者保持敏感，避免做出过于简单化的假设。

（三）促进文化适应的策略

基于对文化适应过程和影响因素的理解，我们可以采取多种策略来促进学习者的文化适应。首先，我们需要在课程设计中融入文化适应的内容。例如，可以在语言课程中加入文化适应技能的训练，如跨文化沟通策略、应对文化冲击的方法等。我们还可以设计专门的文化适应课程，系统地介绍中国文化的特点，分析中外文化差异，讨论常见的文化适应问题及解决方案。

其次，我们应该为学习者提供丰富的文化体验机会。这可以包括组织文化参观活动，如参观博物馆、历史遗迹等；安排与中国学生的交流活动，如语言伙伴项目、文化交流会等；鼓励学习者参与当地社区活动，如志愿服务、文化节庆等。这些实践活动可以帮助学习者将课堂所学与实际生活联系起来，加深对中国文化的理解和感受。

此外，建立支持性的学习环境也很重要。我们可以组织学习小组或文化适应互助小组，让学习者相互分享经验和感受，互相支持。教师应该扮演文化向导和支持者的角色，不仅传授知识，还要关注学习者的情感需求，及时提供指导和帮助。我们还可以邀请已经成功适应中国文化的外国学生或专业人士来分享经验，为学习者提供榜样和启发。

最后，我们需要培养学习者的文化反思能力。鼓励学习者记录自己的文化适应过程，定期反思自己的感受和变化。我们可以通过写作、小组讨论、个人咨询等方式，帮助学习者更好地理解自己的文化适应过程，识别自己的优势和不足，制订个性化的适应策略。通过这种持续的反思和调整，学习者可以逐步提高自己的跨文化能力，实现更好的文化适应。

二、文化学习的反馈机制

（一）反馈的重要性与原则

在国际汉语教育中，建立有效的反馈机制对于促进学习者的文化学习和适应至关重要。反馈不仅能帮助学习者了解自己的学习进展，纠正错误，还能激发学习动机，指导后续学习。然而，在文化学习中，反馈的给予需要特别谨慎，因为文化问题往往没有标准答案，涉及价值观和个人感受等复杂因素。因此，在设计和实施文化学习的反馈机制时，我们需要遵循一些重要原则。

首先，反馈应该是建设性的。这意味着我们不仅要指出学习者在文化理解或行为上的不当之处，更要提供改进的建议和方向。例如，如果一个学习者在使用中国礼仪时出现了错误，我们不应简单地指出错误，而应该解释正确的做法及其背后的文化原因，帮助学习者深入理解。

其次，反馈应该是及时的。文化学习常常发生在实际的社交情境中，如果能在学习者刚经历某个文化事件后立即提供反馈，效果会更好。这要求教师或指导者要密切关注学习者的文化体验，及时捕捉反馈机会。

第三，反馈应该是具体和明确的。笼统的评价如"做得不错"或"需要改进"对学习者帮助不大。我们应该具体指出学习者在哪些方面表现良好，哪些方面需要改进，并提供具体的改进建议。

最后，反馈应该是双向的。我们不仅要给予学习者反馈，也要鼓励学习者表达自己的想法和感受。这种双向交流可以帮助我们更好地理解学习者的需求和困难，调整教学策略。

（二）反馈的方式和工具

在国际汉语教育中，我们可以采用多种方式和工具来实施文化学习的反馈。口头反馈是最直接和常用的方式，特别适合在实时交流或文化体验活动后使用。教师可以通过个别谈话或小组讨论的形式，与学习者交流他们的文化体验和理解。这种面对面的交流可以及时澄清误解，解答疑问，也能传达更多非语言的信息。

书面反馈则适合更深入、更系统的评估和反馈。我们可以要求学习者撰写文化体验报告或反思日记，然后给予书面评语。这种方式可以让学习者有更多时间思考和表达，也便于教师提供更详细的反馈。我们还可以设计文化学习评估表，包含文化知识、跨文化交际能力、文化态度等多个维度，定期对学习者进行评估并提供反馈。

同伴反馈也是一种有效的方式。我们可以组织学习者互相评价彼此的文化表现，分享各自的观察和感受。这种点对点的反馈可以提供不同的视角，也能培养学习者的文化观察和评价能力。

此外，我们还可以利用数字技术来增强反馈的效果。例如，可以使用在线学习平台记录学习者的文化学习过程，提供实时的数据分析和反馈。我们还可以使用视频录制工具，记录学习者在文化情境中的表现，然后进行回放和分析，这对于提高非语言交际能力特别有效。

（三）反馈的内容和重点

在文化学习的反馈中，我们需要关注多个方面的内容。首先是文化知识的掌握程度。这包括对中国历史、地理、社会制度、风俗习惯等基本知识的了解，以及对中国文化核心概念和价值观的理解。在这方面的反馈中，我们不仅要评估学习者是否记住了这些知识，更要关注他们是否能够理解这些知识的文化内涵和现实意义。

其次是跨文化交际能力的发展。这包括语言运用能力、非语言交际能力、文化适应能力等。在反馈中，我们需要评估学习者是否能在不同的文化情境中恰当地运用语言，是否了解并能正确使用中国文化中的非语言符号，如何应对文化差异带来的挑战等。这方面的反馈应该结合具体的交际情境，给出实际的改进建议。

第三是文化态度的培养。这包括对中国文化的兴趣和欣赏，对文化差异的尊重和包容，以及跨文化学习的积极性等。这方面的反馈需要特别谨慎，因为文化态度涉及个人价值观和情感。我们应该肯定学习者的进步，鼓励他们保持开放和包容的态度，同时也要尊重他们保持自身文化认同的权利。

最后是文化反思能力的培养。这包括学习者是否能够客观分析文化现象，是否能够批判性地思考文化问题，是否能够在跨文化交流中进行自我反思等。在这方面的反馈中，我们应该鼓励学习者提出问题，表达自己的观点，并引导他们从多角度思考文化问题。

在给予反馈时，我们需要注意因材施教，根据不同学习者的特点和需求调整反馈的重点。例如，对于刚开始接触中国文化的学习者，我们可能需要更多地关注基本文化知识的掌握和初步的跨文化交际能力；而对于已经有一定中国文化经验的学习者，我们可能需要更多地关注深层次的文化理解和高级的跨文化能力。

此外，我们还需要注意反馈的持续性和系统性。文化学习是一个长期的过程，单次的反馈往往难以产生持久的效果。我们应该建立一个持续的反馈机制，定期评估学习者的进展，追踪他们的文化适应轨迹。这种长期的跟踪不仅能帮助学习者持续改进，也能为我们调整教学策略提供依据。

总的来说，在国际汉语教育中建立有效的文化适应和反馈机制，需要我们深入理解文化适应的理论和过程，认识到影响文化适应的多重因素，采取多样化的策略来促进学习者的文化适应。同时，我们还需要设计科学、系统的反馈机制，通过多种方式和工具，从多个方面对学习者的文化学习进行评估和指导。只有这样，我们才能真正帮助学习者克服文化适应的挑战，培养他们的跨文化能力，实现有效的文化学习和交流。

在未来的实践中，我们还需要不断探索和创新文化适应和反馈的方法。随着科技的发展和社会的变迁，学习者的需求和学习方式也在不断变化。我们应该保持开放和创新的态度，结合新技术和新理念，开发更加个性化、智能化的文化适应支持和反馈系统。同时，我们也需要加强对文化适应和反馈效果的研究，通过实证数据来验证和改进我们的方法。只有这样，我们才能不断提高国际汉语教育的质量，为促进中外文化交流和理解做出更大的贡献。

第五节　文化传播与中文教育的成功案例

在国际汉语教育的实践中，许多机构和个人已经探索出了一些行之有效的文化传播方法，取得了显著的成效。本节将通过分析几个典型的成功案例，总结其中的经验和启示，为未来的国际汉语教育实践提供参考和借鉴。

一、孔子学院的文化传播模式

（一）孔子学院的发展历程

孔子学院作为中国政府支持建立的非营利性教育机构，自2004年成立以来，在全球范围内迅速发展，成为国际汉语教育和文化传播的重要平台。孔子学院的发展历程可以大致分为三个阶段：初创期、快速发展期和转型期。

在初创期（2004－2007年），孔子学院的主要任务是建立基本的运作模式和管理体系。这个时期，孔子学院主要依托海外大学，采取中外合作的方式运营，重点是开展语言教学和文化活动。这种模式得到了许多国家的欢迎，为孔子学院的快速发展奠定了基础。

快速发展期（2008－2015年）是孔子学院数量迅速增长的时期。在这个阶段，孔子学院不仅在数量上实现了跨越式发展，而且在功能上也不断拓展。除了继续加强语言教学外，孔子学院还开始深入开展文化交流活动，如举办中国文化节、艺术展览等，同时也开始为当地提供中国研究和咨询服务。这个时期，孔子学院逐渐成为了解中国、学习中文的重要窗口。

转型期（2016年至今）是孔子学院面临新挑战、寻求新发展的时期。随着国际形势的变化，孔子学院在一些国家遇到了质疑和挑战。为应对这些挑战，孔子学院开始进行转型升级，更加注重本土化运营，更加重视与当地社会的深度融合。在这个阶段，孔子学院更加注重提高教学质量，加强文化交流的深度和广度，同时也更加重视透明度和开放性。

（二）孔子学院的文化传播策略

孔子学院在文化传播方面采取了多元化的策略，取得了显著的成效。首先，孔子学院注重将语言教学与文化传播相结合。在语言课程中融入文化元素，通过语言学习让学生自然而然地接触和了解中国文化。例如，在教授汉字时，不仅讲解字形和发音，还会介绍汉字的起源和演变，让学生理解汉字背后的文化内涵。

其次，孔子学院积极开展多样化的文化活动。这些活动包括中国电影周、中国美食节、中国传统节日庆祝等，通过这些生动有趣的形式，让当地民众直观地体验中国文化。例如，在春节期间，许多孔子学院会举办包饺子、写春联等活动，让参与者亲身体验中国的节日氛围。

第三，孔子学院注重与当地文化的融合。在开展文化活动时，孔子学院常常寻求与当地文化的结合点，创造出具有跨文化特色的活动。例如，有的孔子学院在万圣节期间举办"中国鬼故事"讲述活动，既满足了当地人对节日的期待，又传播了中国的传统文化。

此外，孔子学院还注重利用现代科技手段进行文化传播。许多孔子学院建立了自己的社交媒体账号，定期发布中国文化相关的内容；有的孔子学院还开发了线上课程和文化体验项目，扩大了文化传播的受众范围。

（三）孔子学院的成功经验与启示

孔子学院的成功经验为国际汉语教育和文化传播提供了许多宝贵启示。首先，孔子学院的经验表明，语言教学和文化传播应该紧密结合。语言是文化的载体，通过语言学习可以自然而然地引导学习者了解和接受文化。这种结合不仅能提高语言学习的趣味性和实用性，也能让文化传播更加深入和持久。

其次，孔子学院的实践证明，文化传播需要采取多元化、互动性的方式。传统的讲座、展览等形式固然重要，但更能吸引人的是那些能让参与者亲身体验的互动活动。这种体验式的文化传播方式能让参与者产生更深刻的印象，也更容易引发他们对中国文化的兴趣和认同。

第三，孔子学院的经验强调了本土化和因地制宜的重要性。在不同国家和地区开展文化传播，需要充分考虑当地的文化背景和社会需求，寻找中国文化与当地文化的结合点。这种本土化的策略不仅能增加文化传播的亲和力，也能促进真正的跨文化交流和理解。

此外，孔子学院的转型也提醒我们，文化传播机构需要与时俱进，不断调整策略以应对新的挑战。在面对质疑和挑战时，提高透明度、加强与当地社会的深度融合、注重教学质量和学术性，都是值得借鉴的应对之道。

最后，孔子学院的经验表明，文化传播是一项长期的、需要持续投入的事业。它需要稳定的政策支持、充足的资金保障，以及专业的人才队伍。只有持续不断的努力，才能在异国他乡播下中国文化的种子，并让这些种子生根发芽。

二、数字媒体在文化传播中的创新应用

（一）案例背景：Bilibili 的国际化战略

Bilibili（简称B站）作为中国年轻人喜爱的视频平台，近年来在国际化方面取得了显著进展。B站的国际化战略不仅体现在其业务的全球扩张，更体现在其作为中国文化传播的重要平台。B站的用户群体主要是年轻人，这使得它在传播中国当代流行文化方面具有独特优势。

B站的国际化进程大致可以分为三个阶段。第一阶段是内容的自然流出，即部分优质的中文内容被海外用户发现和传播。第二阶段是有意识的本土化，B站开始为海外用户提供多语言字幕，并鼓励创作者制作面向国际受众的内容。第三阶段是战略性拓展，B站开始在海外市场进行推广，并与海外内容创作者合作。

（二）B 站的文化传播策略

B 站在文化传播方面采取了多元化的策略，取得了显著效果。首先，B 站充分利用了用户生成内容（UGC）的模式。这种模式允许普通用户上传自制视频，分享自己对中国文化的理解和体验。这种自下而上的传播方式，使得文化传播更加生动、多元和接地气。

其次，B 站注重培养和支持优质的文化内容创作者。平台设立了专门的扶持计划，鼓励创作者制作高质量的中国文化相关内容。例如，有创作者制作了系列视频介绍中国各地的美食文化，既有趣味性又有知识性，受到了国内外观众的欢迎。

第三，B 站积极开展跨文化合作项目。平台邀请海外创作者来中国体验和记录中国文化，同时也支持中国创作者走出去，记录他们眼中的世界。这种双向的文化交流，有助于增进相互理解，也能产生更有国际视野的文化内容。

此外，B 站还注重利用新技术提升文化传播的效果。例如，平台开发了先进的实时翻译系统，能够为视频提供多语言字幕，大大降低了语言障碍。平台还利用大数据技术，为不同地区的用户推荐适合的文化内容，提高了传播的精准度。

（三）B 站案例的启示

B 站的成功为数字时代的文化传播提供了许多启示。首先，它证明了年轻人是文化传播的重要力量。年轻人不仅是文化的接受者，更是文化的创造者和传播者。通过为年轻人提供展示和交流的平台，可以激发出巨大的文化创造力。

其次，B 站的案例显示了内容的重要性。在信息爆炸的时代，只有真正优质、有趣、有价值的内容才能吸引观众。因此，在文化传播中，我们需要更加注重内容的质量和吸引力，而不仅仅是传播的数量。

第三，B 站的经验强调了技术在文化传播中的作用。先进的翻译技术、智能推荐系统等，都可以大大提高文化传播的效率和效果。在未来的国际汉语教育中，我们应该更多地利用新技术来突破语言障碍，提高传播的精准度和互动性。

此外，B 站的跨文化合作项目提醒我们，文化传播应该是双向的。我们不仅要向世界传播中国文化，也要鼓励中国人了解世界文化。这种双向的文化交流，才能促进真正的相互理解和尊重。

最后，B站的用户生成内容模式启示我们，文化传播不应该是自上而下的灌输，而应该鼓励每个人参与其中。在国际汉语教育中，我们也应该鼓励学习者成为文化的传播者，让他们用自己的方式解读和传播中国文化。

总的来说，孔子学院和B站的案例为我们展示了传统与现代、线下与线上相结合的文化传播模式。这些成功经验为国际汉语教育的未来发展提供了宝贵的借鉴。我们应该在继承传统优秀经验的基础上，积极拥抱新技术、新模式，不断创新文化传播的方式方法，以适应新时代国际汉语教育的需求。同时，我们也要认识到，文化传播是一项长期的事业，需要我们持续不断地努力和创新。只有这样，我们才能在全球化的背景下，更好地传播中国文化，增进中外文化交流，推动人类文明的共同进步。

三、跨文化交流项目的创新实践

（一）案例背景：中美青年创客交流项目

中美青年创客交流项目是一个始于2015年的跨文化交流计划，旨在促进中美两国年轻人之间的创新合作和文化交流。该项目由中国教育部和美国有关机构共同发起，每年选拔两国的大学生和青年创业者参与为期数周的交流活动。这个项目的独特之处在于它将科技创新与文化交流相结合，为参与者提供了一个全新的跨文化学习平台。

项目的主要内容包括创新工作坊、文化考察、项目合作等。参与者被分成中美混合小组，共同完成创新项目，同时深入体验彼此的文化。这种模式不仅促进了科技创新的国际合作，也为中美青年提供了深度的跨文化交流机会。

（二）项目的文化传播策略

中美青年创客交流项目采用了多元化的文化传播策略，取得了显著的成效。首先，项目采用了"学习+体验"的模式。参与者不仅通过讲座、参观等形式学习对方的文化知识，更重要的是通过实际的项目合作来体验文化差异，学习跨文化沟通和合作。这种沉浸式的学习方式，能让参与者更深入地理解和感受对方的文化。

其次，项目注重双向文化交流。无论是在中国还是在美国举办，项目都会安排参与者深入了解当地文化。例如，在中国举办时，会安排美国学生体验中国传统文化，如书法、太极等；在美国举办时，也会安排中国学生了解美国的多元文化。这种双向交流不仅增进了相互理解，也让参与者对自身文化有了新的认识。

第三，项目强调通过创新合作来促进文化交流。参与者需要在跨文化团队中共同完成创新项目，这个过程中不可避免地会遇到文化差异带来的挑战。通过解决这些实际问题，参与者能够更好地理解文化差异，学会跨文化合作。

此外，项目还利用社交媒体等现代传播工具，鼓励参与者实时分享他们的交流体验。这不仅扩大了项目的影响力，也为更多人提供了了解中美文化交流的窗口。

（三）项目的成功经验与启示

中美青年创客交流项目的成功为国际汉语教育和文化传播提供了许多宝贵启示。首先，项目的经验表明，将文化交流与其他领域的交流相结合，可以产生更好的效果。在这个项目中，科技创新成为文化交流的载体，这种结合不仅增加了交流的实质内容，也提高了参与者的积极性。

其次，项目强调了实践的重要性。通过实际的合作项目，参与者能够在真实的情境中体验文化差异，学习跨文化沟通技能。这种"做中学"的方式，比单纯的课堂学习更能有效地培养跨文化能力。

第三，项目的经验显示了年轻人在文化交流中的重要作用。年轻人思维开放，适应能力强，更容易接受新的文化观念。通过培养年轻一代的跨文化意识和能力，可以为长期的国际文化交流奠定基础。

此外，项目也体现了持续性交流的重要性。虽然每年的交流时间有限，但项目通过线上平台、校友网络等方式，保持参与者之间的长期联系。这种持续的交流，能够让文化理解不断深化。

最后，项目的成功也依赖于政府和民间机构的共同努力。政府的支持为项目提供了制度保障，而民间机构的参与则增加了项目的活力和创新性。这种政府引导、社会参与的模式，值得在其他文化交流项目中借鉴。

四、文化传播与语言教育的融合创新

（一）案例背景：上海交通大学的"中国系列"课程

上海交通大学为国际学生开设的"中国系列"课程是一个将文化传播与语言教育深度融合的成功案例。这个系列课程始于2010年，旨在帮助国际学生全面了解中国，提高他们的汉语水平和跨文化交际能力。课程涵盖中国历史、文化、社会、经济等多个方面，采用全英文或中英双语教学。

"中国系列"课程的特点在于它不仅仅是简单的文化知识传授，而是将语言学习、文化体验和学术研究有机结合。课程设置包括课堂讲授、实地考察、专题研讨等多种形式，为学生提供了全方位的中国学习体验。

（二）课程的创新策略

"中国系列"课程采用了多项创新策略，取得了显著的教学效果。首先，课程采用了内容与语言整合教学法（C丽丽L）。这种方法将语言学习融入到学科内容的学习中，学生在学习中国知识的同时，自然而然地提高语言能力。例如，在学习中国经济发展史的课程中，学生不仅学习相关的历史知识，也学习了大量与经济相关的中文词汇和表达。

其次，课程注重理论与实践相结合。除了课堂讲授，课程还安排了大量的实地考察和实践活动。例如，在学习中国传统文化课程时，学生有机会参观博物馆、访问民间艺人，亲身体验传统文化。这种实践性的学习不仅加深了学生对中国文化的理解，也为他们提供了语言应用的真实环境。

第三，课程鼓励跨文化比较和反思。在学习中国文化知识的同时，学生被鼓励将中国文化与自己的文化进行比较，思考文化差异的原因。这种比较和反思不

仅有助于学生更深入地理解中国文化，也培养了他们的跨文化思维能力。

此外，课程还充分利用了现代教育技术。例如，使用在线学习平台提供补充材料和讨论空间，使用虚拟现实技术模拟一些难以实地参访的文化场景等。这些技术的运用极大地丰富了学习资源，提高了学习的灵活性和互动性。

（三）课程的成功经验与启示

"中国系列"课程的成功为国际汉语教育提供了许多宝贵启示。首先，课程的经验表明，文化教育与语言教育的深度融合可以产生协同效应。通过学习有意义的文化内容，学生的语言学习变得更有动力和目标性；而语言能力的提高又能促进学生对文化的更深入理解。

其次，课程强调了实践和体验在文化学习中的重要性。通过亲身参与和体验，学生能够更直观、更深刻地理解文化内涵。这种体验式学习不仅增加了学习的趣味性，也有助于文化知识的内化。

第三，课程的经验显示了跨学科教学的价值。通过将语言、文化、历史、经济等多个学科的内容整合，学生能够获得更全面、更系统的中国认知。这种跨学科的方法，有助于培养学生的综合思维能力。

此外，课程也体现了技术在现代教育中的重要作用。合理运用现代教育技术，可以极大地丰富教学资源，提高教学效果。在未来的国际汉语教育中，我们应该更多地探索如何利用新技术来创新教学方法。

最后，课程的成功也得益于其对学生需求的准确把握。课程内容的设置充分考虑了国际学生的兴趣和需求，这种以学生为中心的教学设计，是课程受欢迎的重要原因。

总的来说，这些案例为我们展示了文化传播与中文教育创新融合的多种可能性。无论是孔子学院的全球化实践，还是B站的数字创新，亦或是中美青年创客交流项目的跨文化实践，以及上海交通大学的学术创新，都为国际汉语教育的发展提供了宝贵的经验。这些案例告诉我们，成功的文化传播和语言教育需要与时俱进，不断创新方法，适应新的社会需求和技术环境。同时，我们也看到，无论采用何种创新方法，对文化的尊重、对交流对象的理解，以及持续不断的努力，始终是成功的关键。在未来的国际汉语教育实践中，我们应该继续探索新的模式和方法，在传承中创新，在创新中发展，不断提高中文教育和文化传播的效果，为促进中外文化交流和理解做出更大的贡献。

第五章　教学实践中的文化融入

第一节 文化融入的教学设计与实施

在国际汉语教育中，文化融入的教学设计与实施是一个系统性工程，需要教师具备跨文化意识和较高的教学设计能力。本节将从理念、方法和实践三个层面探讨如何在教学中有效地融入中华文化元素。

一、文化融入的理念与原则

（一）整体性原则

在设计文化融入的教学活动时，教师应该秉持整体性原则，将语言教学与文化教学有机结合。这就要求教师在备课时不仅要考虑语言点的讲解，还要思考如何将相关的文化知识自然地融入其中。例如，在教授"吃"这个词时，可以引入中国饮食文化的相关内容，如筷子的使用、餐桌礼仪等。这种整体性设计能够帮助学生在掌握语言的同时，理解语言背后的文化内涵，从而达到语言学习与文化学习的双重目标。

在实际教学中，整体性原则的贯彻还体现在课程结构的设计上。教师可以将文化主题贯穿整个学期的课程，每周设置不同的文化专题，如春节、中国茶道、传统节日等。这样的课程设计能够让学生在系统学习语言的过程中，逐步建立起对中国文化的全面认识。同时，教师还可以根据学生的兴趣和需求，适时调整文化内容的深度和广度，确保文化融入既不会喧宾夺主，又能够充分发挥其辅助语言学习的作用。

整体性原则的实施还要求教师注意文化内容的选择和呈现方式。教师应该选择那些能够反映中国文化精髓，同时又与学生生活密切相关的内容。例如，在教授"家"这个词时，可以引入中国人的家庭观念、家族文化等内容。在呈现方式上，教师可以采用多媒体技术，如使用图片、视频等直观资料，帮助学生更好地理解和感受中国文化。通过这种方式，学生不仅能够学到语言知识，还能够体验到语言所承载的文化内涵，从而实现语言学习和文化学习的有机统一。

（二）循序渐进原则

文化融入的教学设计应该遵循循序渐进的原则，根据学生的语言水平和文化背景，逐步深化文化内容的难度和复杂度。对于初级阶段的学习者，教师可以从一些基本的文化知识入手，如中国的传统节日、饮食习惯等。这些内容与学生的日常生活密切相关，容易引起兴趣和共鸣。例如，在教授数字时，可以介绍中国人对数字的文化寓意，如"8"代表发财，"4"在某些地方被视为不吉利等。这种简单易懂的文化知识能够激发学生的学习兴趣，同时也为后续更深入的文化学习奠定基础。

随着学生语言水平的提高，教师可以逐步引入更加深入和复杂的文化内容。例如，在中级阶段，可以开始涉及中国的传统哲学思想，如儒家的"仁、义、礼、智、信"等核心价值观。教师可以通过经典文学作品的选读，让学生感受这些思想在中国文化中的体现。在高级阶段，则可以探讨一些更加深奥的文化议题，如中西文化的差异与融合、全球化背景下的中国文化传承等。这种循序渐进的教学设计不仅符合学生的认知规律，也能够帮助学生逐步建立起对中国文化的系统认识。

在实施循序渐进原则时，教师还需要注意因材施教，根据不同学生的个体差异调整教学内容和方法。对于那些对中国文化有浓厚兴趣的学生，可以适当增加文化内容的深度和广度。而对于学习动机较弱的学生，则可以通过一些有趣的文化活动来激发他们的兴趣。例如，组织学生参与中国传统节日的庆祝活动，让他们亲身体验中国文化的魅力。通过这种灵活多样的教学方式，能够使文化融入更好地适应不同学生的需求，从而达到最佳的教学效果。

（三）互动性原则

互动性原则是文化融入教学设计中的重要原则之一。这一原则强调学生在文化学习过程中的主动参与和体验，通过师生互动、生生互动以及学生与文化材料的互动，深化对中国文化的理解和感悟。在实际教学中，教师可以设计多种互动形式，如角色扮演、小组讨论、文化体验活动等，让学生成为文化学习的主体。例如，在学习中国茶文化时，教师可以组织学生亲自体验泡茶的过程，通过实践加深对茶道精神的理解。

互动性原则的实施还体现在跨文化比较和反思上。教师可以引导学生比较中外文化的异同，鼓励他们从自身文化的角度解读中国文化，从而培养跨文化思维能力。例如，在讨论中国的"面子"文化时，可以让来自不同国家的学生分享他们本国文化中类似的概念，通过比较和讨论，加深对"面子"文化的理解。这种互动式的学习不仅能够提高学生的参与度，还能够培养他们的跨文化交际能力。

在互动性原则的指导下，教师还可以利用现代教育技术，创造虚拟的文化体验环境。例如，利用VR技术让学生"漫步"在中国古代街道中，或者通过在线平台与中国学生进行实时交流。这些创新的互动方式能够突破时空限制，为学生提供更加丰富和真实的文化体验。通过多样化的互动设计，学生不仅能够被动接受文化知识，更能主动探索和体验中国文化，从而实现更深层次的文化学习。

二、文化融入的方法与策略

（一）主题式教学法

主题式教学法是实现文化融入的有效方法之一。这种方法以特定的文化主题为中心，将语言教学与文化学习有机结合，帮助学生在学习语言的同时深入理解中国文化。例如，可以以"中国传统节日"为主题，设计一系列相关的教学活动。在教授词汇和语法时，选择与节日相关的内容，如"春节、红包、对联"等。在阅读和听力训练中，使用描述节日习俗的文章和音频材料。在口语练习中，鼓励学生讨论自己国家的节日与中国节日的异同。这种主题式的教学设计能够让学生在一个相对完整的文化背景中学习语言，加深对中国文化的理解。

主题式教学法的优势在于它能够为学生提供一个系统的文化学习框架。教师可以围绕一个主题设计一系列递进的学习任务，从简单到复杂，从表象到本质，逐步深化学生对该文化主题的认识。例如，在学习"中国茶文化"这个主题时，可以从认识不同种类的茶叶开始，然后学习泡茶的步骤和礼仪，最后探讨茶道精神及其在中国文化中的地位。这种层层递进的学习过程不仅能够激发学生的学习兴趣，还能够帮助他们建立起对中国文化的系统认识。

在实施主题式教学法时，教师还需要注意主题的选择和安排。主题的选择应该考虑到学生的兴趣和需求，同时也要兼顾文化的代表性和典型性。例如，可以选择"中国饮食文化""中国传统艺术""中国古代科技"等主题。在安排这些主题时，应该考虑到它们之间的联系，形成一个有机的整体。通过这种精心设计的主题式教学，学生不仅能够学到语言知识，还能够逐步构建起对中国文化的全面认识，从而实现语言学习和文化学习的双赢。

（二）任务型教学法

任务型教学法是另一种有效的文化融入方法。这种方法通过设计具有文化内涵的任务，让学生在完成任务的过程中自然地学习语言和文化知识。例如，可以设计一个"策划中国文化节"的任务，要求学生分组合作，选择主题、设计活动、准备材料等。在这个过程中，学生需要查阅大量的中国文化资料，学习相关的词汇和表达方式，并运用所学知识完成任务。这种任务型的学习方式能够激发学生的主动性和创造性，使文化学习变得更加生动有趣。

任务型教学法的优势在于它能够创造一个真实的语言使用环境，让学生在实践中学习和运用语言。例如，在"模拟中国茶馆"的任务中，学生需要扮演茶馆老板、服务员和顾客等角色，运用所学的词汇和句型进行对话。这种情景化的学习不仅能够提高学生的语言应用能力，还能够让他们深入体验中国的茶文化。通过这种方式，学生不仅学到了语言知识，还亲身体验了语言所承载的文化内涵。

在设计任务时，教师需要注意任务的难度和复杂度要与学生的语言水平相匹配。对于初级学习者，可以设计一些简单的任务，如制作中国传统美食、学写书法等。随着学生水平的提高，可以逐步增加任务的难度，如组织中国文化辩论赛、编写中国文化介绍手册等。同时，教师还需要为学生提供必要的支持和指导，如提供相关的词汇表、语言结构示例等，帮助学生顺利完成任务。通过这种精心设计的任务型教学，学生不仅能够提高语言能力，还能够深入理解和体验中国文化，实现语言学习和文化学习的有机结合。

（三）体验式教学法

体验式教学法是一种强调学生亲身参与和感受的文化融入方法。这种方法通过创造各种文化体验活动，让学生通过直接参与来理解和感受中国文化。例如，组织学生参加中国传统节日的庆祝活动，如包粽子、做月饼、贴春联等。在这些活动中，学生不仅能够学习相关的语言表达，还能够亲身体验中国传统文化的魅力。这种直接的文化体验能够给学生留下深刻的印象，有助于加深他们对中国文化的理解和认同。

体验式教学法的优势在于它能够调动学生的多种感官，创造一种沉浸式的学习环境。例如，在学习中国传统音乐时，可以让学生亲自体验演奏中国乐器，如古筝、二胡等。通过亲身体验，学生不仅能够学习到相关的音乐知识和词汇，还能够感受中国音乐的独特魅力。这种多感官的学习方式能够加深学生的记忆，提高学习效果。

在实施体验式教学法时，教师需要注意活动的设计和组织。活动的设计应该考虑到学生的兴趣和需求，同时也要兼顾文化的代表性和典型性。例如，可以组织学生参加中国传统手工艺制作、中国功夫体验、中国画学习等活动。在组织这些活动时，教师需要做好充分的准备，包括场地安排、材料准备、安全措施等。同时，教师还需要在活动中适时引导，帮助学生理解活动背后的文化内涵。通过这种精心设计的体验式教学，学生不仅能够学到语言知识，还能够亲身感受中国文化的魅力，从而实现更深层次的文化学习。

三、文化融入的实施策略

（一）课前准备

课前准备是文化融入教学成功的关键。教师需要在备课阶段就明确文化融入的目标和内容，制定详细的教学计划。首先，教师需要根据教学大纲和学生的实际情况，选择适合融入的文化内容。这些内容应该与语言教学内容相关，同时又能体现中国文化的特色。例如，在教授"家"这个词时，可以考虑融入中国的家庭观念、家族文化等内容。其次，教师需要收集相关的文化资料，包括文字材料、图片、视频等多媒体资源。这些资料应该真实可靠，能够全面反映中国文化的特点。

在准备文化资料时，教师还需要考虑如何将这些资料与语言教学有机结合。例如，可以从文化材料中选取一些典型的句子或段落，作为语言点教学的例句。同时，教师还需要设计一些与文化内容相关的练习题，帮助学生巩固所学的语言知识。此外，教师还需要准备一些文化背景知识，以便在课堂上对学生可能产生的疑问做出解答。例如，在介绍中国的茶文化时，教师可以准备一些关于茶叶种类、产地、制作工艺等方面的知识，以应对学生可能提出的各种问题。

课前准备的另一个重要方面是设计文化体验活动。这些活动应该能够让学生在实践中感受中国文化，提高学习兴趣。例如，在学习中国书法时，教师可以准备毛笔、宣纸等工具，让学生亲自体验书写汉字的乐趣。在设计这些活动时，教师需要考虑活动的可操作性和安全性，确保活动能够在课堂上顺利进行。同时，教师还需要准备一些替代方案，以应对可能出现的突发情况。通过充分的课前准备，教师能够为文化融入教学打下坚实的基础，确保课堂教学的顺利进行。

（二）课堂实施

在课堂实施阶段，教师需要灵活运用各种教学方法和策略，将文化内容自然地融入语言教学中。首先，教师可以通过创设情境的方式引入文化内容。例如，在教授"问路"这个话题时，教师可以模拟一个中国城市的街道场景，介绍中国城市的布局特点、常见的地标建筑等。这种情境创设不仅能够激发学生的学习兴趣，还能帮助他们更好地理解和记忆相关的语言表达。

其次，教师可以采用比较法来加深学生对中国文化的理解。通过比较中外文化的异同，可以帮助学生从自身文化的角度理解中国文化，培养跨文化思维能力。例如，在讲解中国的礼仪文化时，教师可以引导学生比较中国与他们本国在问候方式、称呼习惯等方面的差异。这种比较不仅能够加深学生对中国文化的理解，还能培养他们的文化敏感性和包容性。

在课堂教学中，教师还需要注意调动学生的积极性，鼓励他们主动参与文化学习。可以采用小组讨论、角色扮演等互动式教学方法，让学生在实践中感受和理解中国文化。例如，在学习中国的饮食文化时，可以组织学生分组模拟中国餐厅的场景，练习点菜、用餐礼仪等。这种互动式的学习不仅能够提高学生的参与度，还能够帮助他们更好地掌握相关的语言表达。

此外，教师还需要注意文化知识的讲解深度和广度。对于一些复杂的文化现象，教师可以采用由浅入深、循序渐进的方式进行讲解。例如，在介绍中国的"关系"文化时，可以先从日常生活中的简单例子开始，然后逐步深入到社会交往、商业活动等领域。

（三）课后延伸

课后延伸是文化融入教学的重要组成部分，它能够帮助学生巩固和拓展课堂所学的文化知识。首先，教师可以布置一些与文化主题相关的作业，鼓励学生进行独立探究。例如，在学习完中国茶文化后，可以要求学生查阅资料，了解自己所在国家或地区的茶文化，并与中国茶文化进行比较。这种跨文化比较不仅能够加深学生对中国文化的理解，还能培养他们的跨文化思维能力。

其次，教师可以组织一些课外文化体验活动，让学生在实践中深化对中国文化的理解。例如，可以组织学生参观当地的中国文化展览、参加中国文化节等活动。这些实地体验能够为学生提供直接接触中国文化的机会，加深他们的文化感知。对于一些无法实地参与的活动，教师可以利用网络资源，组织在线文化体验活动。例如，可以通过视频会议软件与中国的学生进行在线交流，让学生直接与中国人对话，了解当代中国人的生活和思想。

此外，教师还可以鼓励学生进行文化创作，将所学的文化知识转化为自己的作品。例如，可以要求学生创作一幅中国画，写一首中国风格的诗，或者制作一个介绍中国文化的短视频。这种创作活动不仅能够激发学生的创造力，还能帮助他们更深入地理解和内化中国文化。教师可以组织学生展示这些作品，举办小型的文化作品展，让学生互相学习和交流。

最后，教师还可以建立一个长期的文化学习项目，如"中国文化日记"。鼓励学生每天记录一个与中国文化相关的小发现或感悟，可以是一个汉字的由来，一个成语的故事，或者是对比中外文化差异的思考。这种持续性的文化学习能够培养学生对中国文化的持久兴趣，帮助他们形成文化学习的习惯。通过这些多样化的课后延伸活动，学生能够将课堂所学的文化知识内化为自己的文化素养，实现更深层次的文化学习。

第二节 课堂互动中的文化元素融合

课堂互动是语言教学中的重要环节，也是文化融入的理想载体。通过精心设计的互动活动，教师可以自然地将文化元素融入语言教学中，让学生在互动过程中潜移默化地感受和理解中国文化。本节将从互动设计、教师角色和学生参与三个方面探讨如何在课堂互动中有效融入文化元素。

一、文化互动活动的设计与实施

（一）文化主题讨论

文化主题讨论是一种能够有效融合语言学习和文化理解的互动形式。教师可以选择一些具有文化特色的主题，引导学生进行讨论。例如，可以以"中国的家庭观念"为主题，让学生讨论中国家庭的特点、家庭成员之间的关系等。在讨论过程中，学生不仅能够练习口语表达，还能够深入思考中国文化中的家庭价值观。教师可以提供一些讨论问题，如"你认为中国家庭和你的国家的家庭有什么不同？""你如何看待中国的孝道文化？"等，引导学生从不同角度思考这个文化主题。

在组织文化主题讨论时，教师需要注意以下几点：首先，选择的主题应该与学生的生活经验和兴趣相关，同时又能体现中国文化的特色。其次，教师需要为学生提供必要的背景知识和语言支持，如相关的词汇、表达方式等。再次，教师应该鼓励学生表达自己的观点，同时也要引导他们尊重不同的文化观点。最后，教师可以在讨论结束后进行总结，澄清一些可能存在的文化误解，帮助学生形成更加客观、全面的文化认识。

（二）角色扮演

角色扮演是另一种有效的文化互动活动。通过模拟各种文化场景，让学生扮演不同的角色，可以帮助他们更好地理解和体验中国文化。例如，可以设计一个"中国茶馆"的场景，让学生扮演茶馆老板、服务员和顾客等角色。在这个过程中，学生不仅需要运用相关的语言表达，还需要了解和遵守中国茶文化的礼仪。这种情景化的学习能够让学生在模拟的文化环境中练习语言，同时也能深入体验中国文化的特点。

在设计角色扮演活动时，教师需要考虑以下几个方面：首先，场景的选择应该具有典型性和代表性，能够反映中国文化的特色。其次，角色的设置应该多样化，让不同学生都有机会参与。再次，教师需要为学生提供必要的指导，包括角色的背景信息、常用的语言表达等。最后，在角色扮演结束后，教师可以组织学生进行反思和讨论，分享他们在扮演过程中的感受和发现。

（三）文化游戏

文化游戏是一种寓教于乐的互动形式，能够有效提高学生的学习兴趣和参与度。教师可以设计一些与中国文化相关的游戏，让学生在游戏过程中学习语言和文化知识。例如，可以设计一个"中国文化知识竞赛"，包括中国历史、地理、文学、艺术等各个方面的问题。学生可以分组参加，在竞赛过程中不仅能够学习新知识，还能够练习语言表达。另一个例子是"汉字拼图游戏"，让学生通过拼接汉字部件来学习汉字的结构和意义。这种游戏不仅能够提高学生的汉字识别能力，还能帮助他们理解汉字背后的文化内涵。

在设计文化游戏时，教师需要注意以下几点：首先，游戏的内容应该与教学目标相符，既包含语言知识，又涵盖文化元素。其次，游戏的难度应该适中，既能够挑战学生，又不至于让他们感到挫折。再次，游戏规则应该简单明了，便于学生理解和参与。最后，教师应该在游戏中创造使用目标语言的机会，鼓励学生用中文交流和表达。通过这些精心设计的文化游戏，学生能够在轻松愉快的氛围中学习语言和文化知识，提高学习效果。

二、教师在文化互动中的角色

（一）文化引导者

在文化互动活动中，教师首先扮演着文化引导者的角色。教师需要引导学生进入文化情境，帮助他们理解文化背景，解释文化现象。例如，在进行"中国春节"主题的互动活动时，教师需要首先向学生介绍春节的由来、习俗等基本信息。在学生进行角色扮演或讨论时，教师需要适时提供文化背景知识，帮助学生更好地理解和体验中国的节日文化。

同时，教师还需要引导学生进行文化比较和反思。通过比较中外文化的异同，可以帮助学生更深入地理解中国文化的特点。例如，在讨论中国的礼仪文化时，教师可以引导学生比较中国与他们本国在问候方式、称呼习惯等方面的差异。这种比较不仅能够加深学生对中国文化的理解，还能培养他们的文化敏感性和包容性。教师还需要引导学生反思自己的文化态度，培养他们的跨文化思维能力。

（二）语言促进者

作为语言教师，在文化互动活动中还需要扮演语言促进者的角色。教师需要为学生提供必要的语言支持，帮助他们在文化情境中准确、得体地使用目标语言。例如，在进行角色扮演活动时，教师可以提前准备一些与文化主题相关的关键词汇和表达方式，帮助学生更好地表达自己的想法。在学生讨论或表达时，教师需要适时纠正语言错误，提供更地道的表达方式。

同时，教师还需要创造更多的语言输出机会，鼓励学生在文化情境中使用目标语言。例如，在文化主题讨论中，教师可以设置一些开放性问题，鼓励学生用完整的句子表达自己的观点。在角色扮演活动中，教师可以要求学生使用特定的语言结构或表达方式，帮助他们将所学的语言知识应用到实际交流中。通过这种方式，学生不仅能够学习文化知识，还能在真实的交际情境中提高语言运用能力。

（三）活动组织者

作为活动组织者，教师需要精心设计和组织各种文化互动活动。首先，教师需要根据教学目标和学生特点，选择适合的文化主题和互动形式。例如，对于初级学习者，可以选择一些简单直观的文化主题，如中国的传统节日、饮食文化等。对于高级学习者，则可以选择一些更加复杂和抽象的文化主题，如中国的哲学思想、价值观念等。

其次，教师需要合理安排活动时间，确保每个环节都能得到充分的实施。例如，在组织文化主题讨论时，教师需要为学生提供足够的准备时间，让他们查阅相关资料，组织自己的观点。在实施过程中，教师需要控制好讨论的节奏，确保每个学生都有机会发言。

再次，教师需要创造一个开放、包容的课堂氛围，鼓励学生积极参与，勇于表达自己的观点。在文化互动中，可能会出现不同的文化观点和理解，教师需要引导学生以开放、尊重的态度看待这些差异，培养他们的跨文化理解能力。

最后，教师还需要注意活动的多样性和趣味性，避免互动形式单一导致学生失去兴趣。可以灵活运用各种互动形式，如小组讨论、角色扮演、文化游戏等，保持学生的学习兴趣和参与度。

三、学生在文化互动中的参与

（一）主动探索者

在文化互动活动中，学生应该成为主动的探索者，而不是被动的知识接受者。教师需要鼓励学生主动探索中国文化，培养他们的文化好奇心和探究精神。例如，在进行文化主题讨论前，可以要求学生自主查阅相关资料，形成初步的认识。在角色扮演活动中，可以鼓励学生自主设计对话内容，深入思考角色的文化背景和行为动机。

教师可以通过以下方式培养学生的主动探索精神：首先，设置一些开放性的文化探究任务，如"调查你所在城市的中国文化元素""采访一位中国留学生，了解他们的文化适应经历"等。这些任务能够激发学生的探究兴趣，让他们在实践中深入了解中国文化。其次，鼓励学生提出自己的文化问题，并引导他们通过各种途径寻找答案。例如，可以在课堂上设置"文化问答时间"，让学生轮流提出自己对中国文化的疑问，并鼓励其他学生回答。这种互动不仅能够解答学生的疑惑，还能培养他们的批判性思维能力。

（二）文化体验者

学生在文化互动中还应该成为积极的文化体验者。通过亲身参与各种文化活动，学生能够更直观、深入地感受中国文化。教师可以设计一些模拟的文化体验活动，让学生在课堂中体验中国文化。例如，可以组织"中国茶艺"体验活动，让学生学习泡茶的步骤，体验中国茶道的礼仪和精神。又如，可以组织"中国书法"体验活动，让学生亲自使用毛笔书写汉字，感受汉字的美感和中国书法艺术的魅力。

除了课堂内的文化体验，教师还可以鼓励学生参与课外的文化活动。例如，参加当地的中国文化节，观看中国电影，品尝中国美食等。这些真实的文化体验能够让学生更全面地感受中国文化，加深他们的文化理解。教师可以要求学生记录这些文化体验，并在课堂上分享他们的感受和发现。通过这种方式，可以将课内学习与课外体验有机结合，让文化学习更加生动和深入。

（三）文化分享者

在文化互动中，学生不仅是文化的学习者，还应该成为文化的分享者。教师应鼓励学生分享自己的文化经验和理解，促进学生之间的文化交流。例如，在文化主题讨论中，可以鼓励来自不同文化背景的学生分享他们对中国文化的理解和感受。这种多元的文化视角可以帮助学生形成更全面、客观的文化认识。

同时，教师还可以鼓励学生将自己的文化与中国文化进行比较和分享。例如，在学习中国的春节文化后，可以让学生介绍自己国家的重要节日，并与春节进行比较。这种跨文化比较不仅能够加深学生对中国文化的理解，还能培养他们的跨文化思维能力。

此外，教师可以组织学生进行文化创作和分享。例如，可以要求学生创作一幅中国风格的画作，写一首中国风格的诗，或者制作一个介绍中国文化的短视频。然后在课堂上展示这些作品，让学生互相学习和交流。这种创作和分享活动不仅能够激发学生的创造力，还能帮助他们将所学的文化知识内化为自己的文化素养。

通过鼓励学生成为主动探索者、文化体验者和文化分享者，可以让他们在文化互动中扮演更加积极和主动的角色。这不仅能够提高他们的学习兴趣和参与度，还能帮助他们形成更加深入、全面的文化理解。同时，这种互动式的文化学习也能够培养学生的跨文化交际能力，为他们未来的跨文化交流奠定基础。

第三节　文化主题课程的开发与创新

文化主题课程是将语言教学与文化学习有机结合的重要途径。通过精心设计的文化主题课程，学生不仅能够系统地学习语言知识，还能深入了解中国文化的各个方面。本节将从课程设计理念、内容选择和教学方法创新三个方面探讨如何开发和创新文化主题课程。

一、文化主题课程的设计理念

（一）整体性原则

文化主题课程的设计应该遵循整体性原则，将语言教学与文化学习有机结合。这意味着在课程设计时，不仅要考虑语言知识的系统性和逻辑性，还要考虑文化内容的连贯性和整体性。例如，可以以"中国传统节日"为主题设计一个系列课程，每节课介绍一个重要节日，如春节、端午节、中秋节等。在教授与节日相关的词汇和表达方式的同时，还要介绍节日的由来、习俗、文化意义等。这种整体性的设计能够帮助学生在学习语言的过程中，逐步建立起对中国节日文化的系统认识。

整体性原则还体现在课程结构的设计上。一个完整的文化主题课程应该包括语言学习、文化知识讲解、文化体验活动、文化比较与反思等多个环节。这些环节应该紧密联系，相互支持。例如，在学习"中国茶文化"这个主题时，可以首先介绍相关的词汇和表达方式，然后讲解中国茶文化的历史和特点，接着组织学生参与茶艺体验活动，最后引导学生比较中西方的饮茶文化，并反思文化差异。这种多环节的课程设计能够让学生从多个角度理解和体验中国文化，形成更加全面和深入的文化认识。

（二）互动性原则

文化主题课程的设计应该充分体现互动性原则，鼓励学生积极参与，主动探索文化知识。这意味着课程设计应该包含大量的互动活动，如小组讨论、角色扮演、文化体验等。这些互动活动不仅能够提高学生的学习兴趣和参与度，还能帮助他们在实践中深化对文化的理解。例如，在学习"中国饮食文化"这个主题时，可以组织学生分组模拟中国餐厅的场景，练习点菜、用餐礼仪等。这种互动式的学习不仅能够帮助学生掌握相关的语言表达，还能让他们亲身体验中国的饮食文化。

互动性原则还体现在师生互动和生生互动上。教师应该创造更多的机会让学生表达自己的观点，分享自己的文化经验。例如，在讨论中国的家庭观念时，可以鼓励学生比较中国家庭与他们本国家庭的异同。这种跨文化比较不仅能够加深学生对中国文化的理解，还能培养他们的跨文化思维能力。同时，教师还应该鼓励学生之间的文化交流，让来自不同文化背景的学生分享他们对中国文化的理解和感受。这种多元的文化视角可以帮助学生形成更全面、客观的文化认识。

（三）实用性原则

文化主题课程的设计还应该遵循实用性原则，注重文化知识的实际应用。这意味着课程内容的选择应该与学生的实际需求和兴趣相结合，帮助他们在实际生活中更好地理解和运用中国文化知识。例如，对于计划来中国旅游或工作的学生，可以设计一些与日常生活密切相关的文化主题，如"中国的交通工具""中国的购物文化"等。这些实用性的主题能够帮助学生更好地适应中国的生活环境，提高他们的跨文化交际能力。

实用性原则还体现在教学方法的选择上。教师应该采用一些贴近实际生活的教学方法，如情景模拟、案例分析等。例如，在教授"中国的商务礼仪"这个主题时，可以设计一些商务场景，让学生模拟商务会谈、商务宴请等情况。这种实践性的学习方法不仅能够帮助学生掌握相关的语言表达和文化知识，还能提高他们在实际商务交往中的应对能力。通过这种方式，文化学习不再是抽象的知识积累，而是能够直接应用于实际生活的实用技能。

二、文化主题课程的内容选择

（一）传统文化主题

传统文化是中国文化的精髓，也是国际汉语教育中不可或缺的内容。在设计文化主题课程时，应该包含一些重要的传统文化主题，如中国的传统节日、传统艺术、传统思想等。例如，可以设计一个"中国传统节日"系列课程，包括春节、元宵节、清明节、端午节、中秋节等。在介绍这些节日的同时，还可以涉及相关的传统习俗、饮食文化、民间故事等内容。这种系统的传统文化学习能够帮助学生深入理解中国文化的根源和特点。

在选择传统文化主题时，教师需要注意以下几点：首先，选择的主题应该具有代表性和典型性，能够反映中国文化的核心特征。其次，主题的难度应该与学生的语言水平和文化背景相适应。对于初级学习者，可以选择一些直观、具体的主题，如传统节日、民间艺术等。对于高级学习者，则可以涉及一些较为抽象和深奥的主题，如传统哲学思想、文学经典等。再次，教师应该注意传统文化主题的现代意义，帮助学生理解这些传统文化在当代中国的传承和发展。例如，在讲解中国传统节日时，可以介绍这些节日在现代中国的庆祝方式，以及它们对现代中国人生活的影响。

（二）当代文化主题

除了传统文化，文化主题课程还应该包含一些反映当代中国社会和文化的主题。这些主题能够帮助学生了解现代中国的发展变化，以及中国人的当代生活方式和价值观念。例如，可以设计一些关于中国现代城市生活、中国流行文化、中国社会变迁等主题的课程。具体可以包括"中国的互联网文化""中国的环保意识""中国的教育改革"等。这些当代文化主题不仅能够激发学生的学习兴趣，还能帮助他们更好地理解现代中国。

在选择当代文化主题时，教师需要注意以下几点：首先，主题应该具有时代性和代表性，能够反映中国社会的最新发展和变化。其次，主题的选择应该注意平衡性和多样性，既包括中国社会发展的成就，也包括面临的挑战和问题。这种客观、全面的呈现能够帮助学生形成更加真实、立体的中国印象。再次，教师应该注意将当代文化主题与学生的生活经验联系起来，引导他们进行跨文化比较和思考。例如，在讨论中国的互联网文化时，可以让学生比较中国和他们本国的社交媒体使用情况，思考文化差异对网络行为的影响。

（三）跨文化交际主题

在全球化背景下，培养学生的跨文化交际能力已成为国际汉语教育的重要目标。因此，文化主题课程还应该包含一些跨文化交际的主题，帮助学生提高跨文化理解和沟通能力。这些主题可以包括"中西方交际方式的差异""跨文化商务沟通""文化冲突与适应"等。通过这些主题的学习，学生不仅能够了解中国文化，还能培养跨文化思维能力，为未来的跨文化交往做好准备。

在设计跨文化交际主题时，教师需要注意以下几点：首先，主题的选择应该注重实用性，与学生未来可能遇到的跨文化交际情境相关。例如，对于商务汉语的学习者，可以多设计一些与商务沟通相关的主题。其次，教师应该创造更多的机会让学生进行跨文化比较和反思。例如，可以组织学生讨论他们在跨文化交往中遇到的困惑和挑战，并探讨解决方法。再次，教师应该注意培养学生的文化敏感性和包容性，引导他们以开放、尊重的态度看待文化差异。

三、文化主题课程的教学方法创新

（一）多媒体技术的应用

在文化主题课程的教学中，充分利用多媒体技术可以大大提高教学效果。多媒体技术能够为学生提供丰富的视听体验，让抽象的文化知识变得直观和生动。例如，在讲解中国传统建筑时，可以使用3D动画展示建筑结构；在介绍中国书法时，可以通过视频展示书法家的创作过程。这些直观的视听材料不仅能够吸引学生的注意力，还能帮助他们更好地理解和记忆文化知识。

此外，教师还可以利用虚拟现实（VR）和增强现实（AR）技术创造沉浸式的文化体验环境。例如，可以开发VR程序，让学生"漫步"在中国古代街道中，或者"参观"著名的中国园林。这种身临其境的体验能够激发学生的学习兴趣，加深他们对中国文化的感知和理解。同时，教师还可以利用在线学习平台和社交媒体工具，扩展课堂教学的时空范围。例如，可以建立线上学习社区，鼓励学生在课后继续探讨文化主题，分享学习心得。

（二）项目式学习法

项目式学习法是另一种适合文化主题课程的创新教学方法。这种方法要求学生围绕一个文化主题开展长期的探究活动，最终完成一个具体的项目成果。例如，可以要求学生以"我眼中的中国"为主题，制作一个多媒体作品。学生需要自主选择感兴趣的中国文化主题，收集相关资料，进行实地考察或在线访谈，最后制作成视频、网页或电子杂志等形式的作品。这种项目式学习不仅能够培养学生的自主学习能力和研究能力，还能激发他们对中国文化的探索兴趣。

在实施项目式学习时，教师需要注意以下几点：首先，项目主题应该具有开放性和探究性，能够激发学生的创造力和批判性思维。其次，教师需要为学生提供必要的指导和支持，包括资料收集方法、研究工具使用等。再次，教师应该鼓励学生进行跨学科学习，将语言学习、文化研究、技术应用等多个领域结合起来。最后，教师应该重视项目成果的展示和交流，可以组织学生进行作品展示会，让他们互相学习和交流。

（三）文化体验与实践

文化体验与实践是文化主题课程中不可或缺的教学方法。通过亲身参与各种文化活动，学生能够更直观、深入地感受中国文化。教师可以根据不同的文化主题，设计相应的体验活动。例如，在学习中国书法时，可以组织学生亲自体验毛笔书法；在学习中国饮食文化时，可以组织学生学习制作中国传统美食。这些体验活动不仅能够加深学生对文化知识的理解，还能培养他们的文化实践能力。

除了课堂内的文化体验，教师还可以组织一些课外的文化实践活动。例如，可以组织学生参观当地的中国文化展览，参加中国文化节等活动。对于条件允许的学校，还可以组织学生到中国进行短期文化考察。这些实地体验能够为学生提供直接接触中国文化的机会，加深他们的文化感知。对于无法实地参与的学生，教师可以利用网络资源，组织在线文化体验活动。例如，可以通过视频会议软件与中国的学生进行在线交流，让学生直接与中国人对话，了解当代中国人的生活和思想。

在组织文化体验与实践活动时，教师需要注意以下几点：首先，活动的设计应该与课程主题紧密结合，能够深化和拓展课堂学习内容。其次，教师应该为学生提供必要的语言和文化准备，确保他们能够在活动中有效地交流和学习。再次，教师应该鼓励学生在活动中主动观察、思考和交流，而不是被动地接受信息。最后，教师应该组织学生在活动后进行反思和总结，帮助他们将体验转化为深入的文化理解。

通过这些创新的教学方法，文化主题课程能够为学生提供更加丰富、生动和深入的文化学习体验。多媒体技术的应用能够创造沉浸式的学习环境，项目式学习法能够培养学生的自主探究能力，文化体验与实践则能够让学生直接感受和理解中国文化。这些方法的综合运用，能够有效提高文化主题课程的教学效果，帮助学生更好地掌握语言知识，深入理解中国文化，提高跨文化交际能力。

第四节　语言教学与文化活动的有机结合

语言教学与文化活动的有机结合是实现国际汉语教育目标的重要途径。通过将语言学习与文化活动紧密结合，不仅可以提高学生的语言能力，还能加深他们对中国文化的理解和认同。本节将从理论基础、结合策略和实践案例三个方面探讨如何实现语言教学与文化活动的有机结合。

一、语言与文化结合的理论基础

（一）语言文化学理论

语言文化学理论强调语言与文化的密不可分的关系。这一理论认为，语言是文化的载体，而文化又影响着语言的使用和发展。在国际汉语教育中，这一理论为语言教学与文化活动的结合提供了重要的理论依据。根据这一理论，我们在进行语言教学时，不应该将语言知识孤立地教授，而应该将其置于特定的文化背景中。例如，在教授问候语"您吃了吗？"时，不能仅仅解释其字面意思，还需要说明这一问候语背后的文化含义，即中国人以食为天的文化观念。

同时，语言文化学理论也强调，文化学习应该通过语言学习来实现。这意味着我们在组织文化活动时，应该充分利用这些活动创造语言使用的机会。例如，在组织中国书法体验活动时，不仅要让学生练习书法，还应该鼓励他们用中文描述书法的笔画，讨论书法作品的美感等。通过这种方式，学生在体验中国文化的同时，也能够练习和提高他们的语言能力。

（二）交际能力理论

交际能力理论强调语言学习的最终目标是培养学生在实际交际中运用语言的能力。这一理论认为，交际能力不仅包括语言能力，还包括社会语言能力、话语能力和策略能力。在这一理论指导下，语言教学与文化活动的结合应该注重培养学生的全面交际能力。

具体来说，我们在设计语言教学和文化活动时，应该创造尽可能真实的交际情境，让学生在这些情境中运用所学的语言知识。例如，在学习"在餐厅点菜"这个主题时，可以设置一个模拟的中国餐厅场景，让学生扮演顾客和服务员的角色，进行实际的点菜对话。在这个过程中，学生不仅需要运用相关的词汇和句型，还需要了解和遵守中国的餐桌礼仪。这种结合语言和文化的实践活动能够有效提高学生的交际能力。

（三）建构主义学习理论

建构主义学习理论强调学习是学生主动建构知识的过程，而不是被动接受信息的过程。这一理论为语言教学与文化活动的结合提供了新的视角。根据这一理论，我们在设计语言和文化学习活动时，应该充分发挥学生的主动性和创造性，让他们成为学习的主体。

例如，我们可以设计一些探究性的文化项目，让学生自主选择感兴趣的中国文化主题，进行深入研究，并用中文汇报研究成果。在这个过程中，学生需要主动收集和分析信息，构建自己对中国文化的理解，同时也在实践中提高了语言能力。这种自主探究的学习方式不仅能够激发学生的学习兴趣，还能培养他们的批判性思维和研究能力。

二、语言教学与文化活动结合的策略

（一）文化主题式语言教学

文化主题式语言教学是将文化主题贯穿整个语言教学过程的策略。在这种教学模式中，教师选择一个文化主题作为教学单元的核心，围绕这个主题设计各种语言学习活动。例如，可以以"中国茶文化"为主题设计一个教学单元。在这个单元中，词汇学习可以包括茶叶种类、茶具名称等；语法学习可以围绕描述茶的味道、泡茶的步骤等；听说练习可以包括茶道表演的讲解和茶文化的讨论；读写训练可以使用关于茶文化的文章和茶诗创作等。

这种主题式的教学策略有以下几个优点：首先，它能够为语言学习提供一个连贯的文化背景，帮助学生更好地理解和记忆语言知识。其次，它能够激发学生的学习兴趣，因为学生不仅在学习语言，还在探索有趣的文化主题。再次，它能够帮助学生建立语言与文化之间的联系，培养他们的文化意识。

在实施文化主题式语言教学时，教师需要注意以下几点：首先，选择的文化主题应该具有代表性和趣味性，能够反映中国文化的特色，同时又能引起学生的兴趣。其次，教师需要精心设计每个环节的教学活动，确保语言学习和文化探索能够有机结合。再次，教师应该鼓励学生主动参与，通过讨论、辩论、角色扮演等活动深入探索文化主题。

（二）文化体验式语言实践

文化体验式语言实践是另一种有效的结合策略。这种策略强调通过直接参与文化活动来练习和提高语言能力。在这种模式中，学生不是被动地接受文化知识，而是通过亲身体验来感受和理解中国文化，同时在实践中运用所学的语言知识。

例如，在学习中国饮食文化时，可以组织学生参与包饺子的活动。在这个过程中，学生需要用中文交流制作步骤，描述饺子的形状和口味，讨论饺子在中国文化中的意义等。这种文化体验不仅能够加深学生对中国饮食文化的理解，还能为他们提供真实的语言使用环境。

文化体验式语言实践的优点包括：首先，它能够创造真实的语言使用情境，提高学生的语言应用能力。其次，它能够让学生在做中学，加深对文化的理解和记忆。再次，它能够激发学生的学习兴趣，提高他们的参与度。

在组织文化体验式语言实践时，教师需要注意以下几点：首先，选择的文化活动应该适合在课堂或学校环境中进行，并且能够为语言练习提供充分的机会。其次，教师需要为学生提供必要的语言准备，如相关词汇、表达方式等。再次，教师应该在活动中创造更多的交流机会，鼓励学生用目标语言描述、讨论和反思他们的文化体验。

（三）跨文化比较与反思

跨文化比较与反思是一种既能促进语言学习，又能深化文化理解的策略。这种策略鼓励学生比较中国文化与自身文化的异同，并对这些差异进行深入思考和讨论。通过这种比较和反思，学生不仅能够更好地理解中国文化，还能培养跨文化思维能力。

例如，在学习中国的家庭观念时，可以组织学生讨论中国家庭与他们本国家庭的异同。学生需要用中文描述自己国家的家庭结构、家庭关系、家庭价值观等，然后与中国的情况进行比较。在这个过程中，学生不仅练习了相关的语言表达，还加深了对中国家庭文化的理解，同时也反思了自己的文化背景。

跨文化比较与反思的优点包括：首先，它能够帮助学生从自身文化的角度理解中国文化，使学习更有意义。其次，它能够培养学生的跨文化思维能力和文化敏感性。再次，它能够为语言学习提供丰富的内容和话题。

在实施这种策略时，教师需要注意以下几点：首先，选择的文化主题应该具有可比性，能够引发有意义的跨文化讨论。其次，教师应该创造开放、包容的讨论氛围，鼓励学生表达不同的观点。再次，教师需要引导学生超越简单的文化比较，进行更深层次的文化反思。最后，教师应该帮助学生提炼和总结讨论成果，形成更系统的跨文化认识。

三、语言教学与文化活动结合的实践案例

（一）"中国节日"主题教学单元

"中国节日"主题教学单元是语言教学与文化活动结合的典型案例。这个单元可以涵盖多个课时，每个课时聚焦一个重要的中国传统节日，如春节、端午节、中秋节等。在每个课时中，语言教学和文化活动紧密结合，帮助学生全面了解中国的节日文化。

具体实施过程如下：

首先进行语言准备阶段。教师向学生介绍与节日相关的词汇和表达方式，如春节的"红包""对联""年夜饭"等。这些词汇和表达不仅是理解节日文化的基础，也是学生后续文化交流的重要语言工具。教师可以通过图片、实物等方式帮助学生理解这些词汇的含义，并设计一些简单的对话练习，让学生在语境中熟悉这些表达。

接下来是文化导入环节。教师可以利用图片、视频等多媒体材料，生动形象地介绍节日的由来和主要习俗。例如，在介绍春节时，可以播放一段春节联欢晚会的视频片段，让学生感受节日的欢乐氛围。在这个过程中，教师应该鼓励学生用刚学过的词汇描述他们看到的场景，实现语言学习和文化理解的结合。

随后进行语言实践活动。学生可以分组讨论自己国家的类似节日，用中文进行比较和交流。这种跨文化比较不仅能够加深学生对中国节日的理解，还能提供丰富的口语练习机会。教师可以提供一些讨论框架，如"我们国家的XX节和中国的XX节有什么相同和不同之处？"来引导学生的讨论。

文化体验是这个教学单元的重要组成部分。教师可以根据不同节日组织相应的文化活动，如端午节包粽子、元宵节制作灯笼等。在这些活动中，学生不仅能亲身体验中国传统文化，还需要用中文交流操作步骤，描述成品等，为语言应用提供了真实的情境。

在语言输出环节，学生可以选择一个中国节日进行介绍，或创作一篇描述节日体验的短文。这种综合性的语言任务能够检验学生对节日文化的理解，也能

促进他们将所学的词汇和表达运用到实际的语言产出中。教师可以根据学生的语言水平调整任务的难度，如初级学生可以制作简单的海报，高级学生则可以进行专题演讲。

最后是文化反思环节。教师引导学生讨论节日文化背后的价值观念，如春节反映的家庭观念、团圆文化等。这种深层次的文化探讨不仅能够提高学生的文化理解能力，还能为高级的语言表达提供丰富的内容。教师可以组织辩论或小组讨论，鼓励学生表达自己对这些文化价值的看法。

通过这个教学单元，学生不仅能够系统地学习与节日相关的语言知识，还能深入体验中国的传统文化。通过比较、体验和反思，学生能够形成对中国节日文化的全面认识，同时在实践中提高语言能力。这种语言教学与文化活动的有机结合，为学生提供了一种富有意义和乐趣的学习体验。

（二）"茶文化"体验式语言课

"茶文化"体验式语言课是另一个将语言教学与文化活动紧密结合的案例。中国茶文化源远流长，内涵丰富，为语言和文化的综合学习提供了理想的主题。这个体验式课程不仅能帮助学生了解中国茶文化的精髓，还能在实践中提高他们的语言能力。

课程开始前，教师需要做充分的准备工作。首先是语言准备，包括与茶文化相关的词汇，如茶叶种类（绿茶、乌龙茶、普洱茶等）、茶具名称（茶壶、茶杯、茶盘等）、品茶形容词（清香、浓郁、回甘等）。其次是文化准备，包括中国茶文化的历史、茶道精神、茶与中国文学的关系等知识。最后是实物准备，包括各种茶叶、茶具，以及茶点等。

课程开始时，教师可以通过一段茶道表演视频导入主题，激发学生的学习兴趣。在观看视频的过程中，教师可以引导学生用所学的词汇描述他们看到的场景和动作，如"茶艺师正在用茶壶给客人倒茶"等。这种方式既能检验学生对新词汇的掌握情况，又能培养他们的口语表达能力。

接下来，教师可以简要介绍中国茶文化的历史和特点。在这个过程中，教师可以采用问答的方式，增加师生互动。例如，"你们知道中国有哪些著名的茶叶产地吗？""你们认为喝茶对健康有什么好处？"等。这种互动式的文化讲解既能加深学生的理解，又能提供口语练习的机会。

文化讲解之后，就可以进入实践环节。教师可以示范泡茶的步骤，同时用中文详细解说每个动作。学生可以分组练习，在实践中运用所学的词汇和表达。例如，一个学生负责泡茶，另一个学生用中文描述步骤："首先，用热水烫茶具。然后，将茶叶放入茶壶……"这种实践性的语言任务能够帮助学生在真实情境中运用语言。

品茶环节是语言实践的又一个重要机会。学生可以用中文描述茶的颜色、香气和味道。教师可以提供一些表达框架，如"这杯茶的色泽是……香气……口感……"等，帮助学生组织语言。同时，教师可以引导学生讨论不同茶叶的特点，比较哪种茶更符合自己的口味等，促进更深入的交流。

最后，教师可以组织一个小型的"茶文化研讨会"。学生可以选择感兴趣的主题，如"茶与中国文学""各国饮茶习惯的比较"等，进行简短的演讲或小组讨论。这种综合性的语言任务不仅能检验学生对茶文化的理解，还能促进他们的高级语言表达能力。

课程结束时，教师可以引导学生反思茶文化所体现的中国哲学思想，如"和""静"等概念。这种深层次的文化探讨能够帮助学生形成对中国文化更全面、深入的理解。

通过这个体验式的茶文化课程，学生不仅学习了与茶相关的语言知识，还亲身体验了中国茶文化的魅力。在品茶、讨论、演讲等各种活动中，学生有大量机会运用所学的语言知识，实现了语言学习和文化体验的有机结合。这种沉浸式的学习方式不仅能够提高学习效果，还能增强学生的学习兴趣和动力。

（三）"中国美食"跨文化项目学习

"中国美食"跨文化项目学习是一个将语言学习、文化探索和实践活动相结合的综合性教学案例。这个项目可以持续数周，让学生深入探索中国饮食文化，同时在实践中提高语言能力和跨文化交际能力。

项目开始时，教师首先进行主题导入。可以通过一些有趣的问题激发学生的兴趣，如"你知道中国有哪些著名菜系？""你最喜欢的中国菜是什么？"等。这种开放性的讨论既能活跃课堂氛围，又能让教师了解学生的已有知识和兴趣点。

随后，教师可以介绍项目的整体框架和目标。项目可以分为几个阶段：理论学习、实地考察、美食制作、文化比较和成果展示。每个阶段都有明确的语言和文化学习目标。例如，理论学习阶段的目标可能包括掌握与中国美食相关的词汇和表达，了解中国主要菜系的特点等。

在理论学习阶段，教师可以采用多种方式介绍中国饮食文化。例如，可以通过视频介绍中国的八大菜系，讲解各个菜系的特点和代表菜品。学生需要用中文记笔记，并在小组内交流自己的理解。教师还可以组织学生阅读一些关于中国饮食文化的文章，如"舌尖上的中国"系列文章，提高学生的中文阅读能力。

实地考察是这个项目的重要组成部分。教师可以组织学生参观当地的中餐馆或中国超市。学生需要用中文与店主或服务员交流，询问菜品的原料、烹饪方法等。这种真实的语言环境能够极大地提高学生的口语能力和交际能力。考察后，学生需要用中文写一篇考察报告，描述他们的发现和感受。

美食制作环节是学生最感兴趣的部分。教师可以邀请中国厨师来学校示范几道经典中国菜的制作过程。学生需要仔细聆听并记录制作步骤。然后，学生分组尝试制作这些菜品。在制作过程中，学生需要用中文交流，如讨论食材准备、火候控制等。这种实践性的语言任务能够帮助学生在真实情境中运用所学的词汇和表达。

文化比较是培养学生跨文化思维能力的重要环节。学生需要比较中国饮食文化与自己国家饮食文化的异同。例如，可以比较用餐礼仪、饮食禁忌、节日美食等方面的差异。学生需要用中文进行小组讨论，并写一篇比较文章。这种跨文化比较不仅能够加深学生对中国文化的理解，还能培养他们的文化反思能力。

项目的最后是成果展示环节。学生可以以小组为单位，策划一个"中国美食文化展"。展示内容可以包括中国美食介绍、菜品展示、美食文化讲解等。学生需要用中文进行现场讲解和交流。这种综合性的语言任务能够全面检验学生的语言能力和文化理解能力。

通过这个跨文化项目学习，学生不仅系统地学习了与中国美食相关的语言知识，还深入体验了中国饮食文化。在实地考察、美食制作、文化比较等各个环节中，学生有大量机会运用所学的语言知识，实现了语言学习和文化体验的有机结合。这种项目式的学习方式不仅能够提高学习效果，还能培养学生的跨文化交际能力和研究能力。

第五节 教学评估中的文化效果测量

在国际汉语教育中，文化教学效果的评估是一个复杂而重要的课题。与语言能力的测试相比，文化能力的评估更加抽象和难以量化。然而，科学、有效的文化教学评估对于提高教学质量、调整教学策略具有重要意义。本节将从评估理念、评估方法和评估工具三个方面探讨如何在教学评估中测量文化效果。

一、文化教学评估的理念

（一）整体性评估原则

文化教学评估应该遵循整体性原则，即不仅要评估学生对文化知识的掌握程度，还要评估他们的文化理解能力、文化实践能力和跨文化交际能力。这种整体性评估能够全面反映学生的文化学习成效。例如，在评估学生对中国春节文化的学习效果时，不仅要考察他们是否知道春节的习俗和传统，还要看他们是否能理解春节所反映的中国人的家庭观念和价值观，是否能在跨文化交际中恰当地谈论春节话题等。

整体性评估还意味着我们应该将文化评估与语言评估有机结合。在国际汉语教育中，语言学习和文化学习是密不可分的。因此，文化评估不应该是独立的，而应该融入到整体的语言教学评估中。例如，在口语测试中，可以设置一些涉及中国文化的话题，既考察学生的语言表达能力，又评估他们的文化理解能力。

（二）过程性评估原则

文化学习是一个持续的、渐进的过程，因此文化教学评估应该采用过程性评估原则。这意味着评估不应该仅仅依赖于期末考试这样的终结性评估，而应该贯穿整个教学过程。教师可以通过日常观察、课堂表现、作业完成情况等多种方式，持续评估学生的文化学习进展。

例如，教师可以记录学生在文化讨论中的参与度和发言质量，观察他们在文化实践活动中的表现，评价他们的文化主题作业等。这种持续的、多元的评估方式不仅能够更全面地反映学生的学习情况，还能够及时发现问题，调整教学策略。

过程性评估还有助于培养学生的文化学习意识和自主学习能力。教师可以鼓励学生进行自我评估和同伴评估，反思自己的文化学习过程。例如，可以让学生定期撰写文化学习日记，记录自己的文化观察、思考和感悟。这种自我反思不仅是评估的一部分，也是深化文化理解的重要途径。

（三）发展性评估原则

发展性评估原则强调关注学生的进步和潜力，而不仅仅是当前的表现。在文化教学评估中，我们应该注重学生文化能力的发展轨迹，鼓励他们不断突破自我。这种评估理念特别适合文化学习这样一个长期的、复杂的过程。

具体来说，发展性评估可以体现在以下几个方面：首先，教师可以建立学生的文化学习档案，记录他们在不同阶段的文化理解水平和表现。通过比较不同时期的表现，可以清晰地看到学生的进步。其次，在评估标准中，可以加入"进步程度"这一维度，奖励那些虽然绝对水平不高，但进步显著的学生。再次，可以设置一些开放性的评估任务，让学生展示自己的创造力和潜力。

例如，可以让学生设计一个"中国文化推广"的项目方案。在这个任务中，学生不仅需要运用所学的文化知识，还需要发挥创意，考虑如何让自己国家的人更好地理解中国文化。这种评估方式既能检验学生的文化理解水平，又能激发他们的创新思维。

二、文化教学评估的方法

（一）知识测试法

知识测试是评估学生文化学习效果的基本方法之一。这种方法主要用于考察学生对文化知识点的掌握情况。常见的知识测试形式包括选择题、填空题、简答题等。

例如，在测试学生对中国传统节日的了解程度时，可以设置如下题目：

"请选出与端午节相关的习俗：A.吃月饼 B.赛龙舟 C.挂灯笼 D.包粽子"

"请简述中秋节的由来和主要习俗。"

在设计知识测试题时，教师需要注意以下几点：首先，测试内容应该涵盖课程中涉及的主要文化知识点，体现知识的广度和深度。其次，题目的难度应该适中，既能区分学生的水平，又不至于打击学生的积极性。再次，应该避免纯粹的记忆性题目，而要设计一些需要理解和应用的题目。

虽然知识测试能够较为客观地反映学生的文化知识储备，但它也有局限性。它主要考察的是学生对文化表层知识的记忆，难以评估学生的文化理解深度和跨文化能力。因此，知识测试应该只作为文化教学评估的一种补充手段，而不应成为主要或唯一的评估方法。

（二）表现评价法

表现评价法是一种更加全面和深入的文化教学评估方法。这种方法通过观察和评价学生在实际情境中的表现来评估他们的文化能力。表现评价可以采用多种形式，如口头报告、角色扮演、文化实践活动等。

例如，可以要求学生进行一次"中国文化主题演讲"，主题可以是"中国茶文化""中国的节日传统"等。教师可以从以下几个方面评价学生的表现：文化知识的准确性和全面性、文化理解的深度、语言表达的流畅性和得体性、跨文化比较的恰当性等。

又如，可以组织一次"中西方礼仪对比"的角色扮演活动。学生需要在不同的情境（如正式会面、餐桌礼仪等）中展示中西方的礼仪差异。教师可以评价学生对不同文化礼仪的理解和实践能力，以及他们在跨文化情境中的应变能力。

表现评价法的优点在于它能够全面评估学生的文化能力，包括文化知识、文化理解、文化实践和跨文化交际能力。它提供了一个让学生展示综合文化素养的平台。然而，这种方法也存在一定的主观性，评分标准的制定和评分过程的把控都需要教师具备较高的专业素养。

（三）作品分析法

作品分析法是通过评价学生的文化主题作品来评估其文化学习效果的方法。这些作品可以是书面的，如文化主题论文、跨文化比较报告等；也可以是多媒体形式的，如文化主题视频、文化展示海报等。

例如，可以要求学生撰写一篇"中国文化元素在我国的影响"的研究报告。学生需要调查自己国家生活中的中国文化元素，分析这些文化元素的传播过程和影响。教师可以从以下几个方面评价这份报告：调研的深度和广度、文化现象分析的洞察力、跨文化比较的恰当性、语言表达的准确性等。

又如，可以让学生制作一个"介绍中国文化的短视频"。学生可以选择感兴趣的中国文化主题，如中国功夫、中国园林等，制作一个5分钟左右的介绍视频。教师可以评价视频内容的准确性和全面性、文化解读的深度、表现形式的创新性等。

作品分析法的优点在于它能够全面反映学生的文化学习成果，包括文化知识的掌握、文化理解的深度、跨文化思维能力，以及将文化知识转化为输出的能力。同时，这种方法也为学生提供了展示创造力的机会。然而，作品分析法也面临评分标准如何量化的挑战，需要教师制定详细而客观的评分细则。

三、文化教学评估的实施策略

（一）多元化评估策略

在实施文化教学评估时，采用多元化的评估策略是十分必要的。这意味着我们不应该依赖单一的评估方法或工具，而应该综合运用多种评估手段，以全面反映学生的文化学习成效。

具体来说，多元化评估策略可以包括以下几个方面：

首先，结合形成性评估和总结性评估。形成性评估是在教学过程中进行的，目的是了解学生的学习进展，及时调整教学策略。例如，教师可以通过课堂观察、小测验、文化日记等方式进行形成性评估。总结性评估则是在教学单元或学期结束时进行的，目的是评价学生的整体学习成果。例如，可以通过期末考试、文化项目展示等方式进行总结性评估。两种评估方式的结合能够既关注学生的学习过程，又重视最终的学习效果。

其次，综合使用定量评估和定性评估。定量评估通常通过数字化的分数来反映学生的表现，如文化知识测试的分数、文化能力评估量表的得分等。定性评估则通过描述性的评价来反映学生的表现，如对学生文化作品的评语，对学生文化实践活动的观察记录等。两种评估方式的结合能够既提供客观的数据支持，又能深入描述学生的文化学习状况。

再次，平衡学生自评、同伴评价和教师评价。学生自评能够促进学生的自我反思和元认知能力；同伴评价能够培养学生的批判性思维和合作精神；教师评价则能提供专业和权威的判断。三种评价方式的结合能够提供多角度的评估视角，使评估结果更加全面和客观。

最后，注意评估内容的多样性。评估内容应该涵盖文化知识、文化理解、文化实践能力和跨文化交际能力等多个方面。例如，可以通过知识测试评估文化知识，通过文化分析报告评估文化理解能力，通过角色扮演评估文化实践能力，通过跨文化情境测试评估跨文化交际能力等。

通过这种多元化的评估策略，我们能够更全面、更准确地评估学生的文化学习效果，为教学改进和学生发展提供有力支持。

（二）评估标准的制定

科学、合理的评估标准是确保文化教学评估有效性的关键。在制定评估标准时，我们需要考虑以下几个方面：

首先，评估标准应该与教学目标相一致。在制定标准之前，教师需要明确文化教学的具体目标。例如，如果教学目标强调培养学生的跨文化理解能力，那么评估标准就应该重点关注学生在文化比较、文化分析等方面的表现。

其次，评估标准应该具体、可操作。模糊的标准会导致评估结果的主观性和不一致性。例如，对于"文化理解能力"这一维度，我们可以将其细化为"能够解释文化现象背后的原因""能够比较不同文化的异同""能够从多角度分析文化问题"等具体的、可观察的表现。

再次，评估标准应该具有区分度。好的评估标准能够区分出学生在文化能力方面的不同水平。例如，我们可以为每个评估项目设置不同的等级描述，如"优秀""良好""一般""需要改进"等，并为每个等级提供明确的表现描述。

最后，评估标准的制定应该考虑学生的实际水平和学习阶段。对于初级学习者，标准可以更多地关注基本文化知识的掌握和初步的文化意识；对于高级学习者，标准则可以更多地强调深层次的文化理解和复杂的跨文化能力。

在实际操作中，教师可以采用以下步骤来制定评估标准：

1.明确评估目的和评估对象

2.确定评估的主要维度（如文化知识、文化理解、文化实践能力等）

3.为每个维度设置具体的评估项目

4.为每个评估项目制定不同等级的表现描述

5.邀请其他教师或专家审查和修改标准

6.在小范围内试用标准，根据反馈进行调整

7.最终确定评估标准并在教学中使用

通过这种系统的方法制定的评估标准，能够为文化教学评估提供可靠的依

据，确保评估结果的有效性和公平性。

（三）评估过程的规范化

为了确保文化教学评估的科学性和公正性，我们需要对评估过程进行规范化管理。这包括以下几个方面：

首先，明确评估的时间节点和频率。根据教学进度和评估目的，制定评估计划。例如，可以在每个教学单元结束时进行一次小型的文化评估，在学期中期进行一次综合性的形成性评估，在学期末进行总结性评估。明确的评估时间安排能够帮助教师和学生做好准备，也能确保评估的连续性和系统性。

其次，规范评估的实施流程。这包括评估前的准备工作（如准备评估材料、培训评估人员等），评估中的操作规范（如评估环境的控制、评估过程的监督等），以及评估后的结果处理（如数据分析、反馈给学生等）。清晰的流程能够确保评估的一致性和可靠性。

再次，注重评估的公平性和透明度。这包括向学生明确评估的目的、内容和标准，给予所有学生平等的评估机会，避免主观因素对评估结果的影响等。在评估结束后，应该及时向学生反馈评估结果，并提供改进建议。

最后，重视评估结果的分析和应用。评估的目的不仅是为了给学生打分，更重要的是通过评估发现问题，改进教学。教师应该系统分析评估结果，识别学生在文化学习方面的共同问题和个别差异，并据此调整教学策略。同时，评估结果也应该用于指导学生的个性化学习。

通过规范化的评估过程，我们能够确保文化教学评估的科学性和有效性，使评估真正成为促进教学改进和学生发展的工具。

（四）评估结果的反馈与应用

评估结果的有效反馈和应用是文化教学评估的重要环节，直接影响评估的实际效果。在这个过程中，我们需要注意以下几个方面：

首先，及时、全面地向学生反馈评估结果。反馈不应仅限于分数，还应包括详细的评语，指出学生在文化学习中的优点和不足。例如，可以采用评估报告的形式，系统地分析学生在文化知识、文化理解、文化实践能力等方面的表现。这种全面的反馈能够帮助学生清晰地认识自己的学习状况。

其次，基于评估结果制订个性化的学习建议。针对每个学生的具体情况，提供有针对性的改进建议。例如，对于文化知识掌握不足的学生，可以推荐相关的阅读材料；对于跨文化交际能力欠缺的学生，可以建议参加更多的文化实践活动。这种个性化的建议能够帮助学生有的放矢地改进自己的文化学习。

再次，将评估结果用于教学改进。教师应该系统分析整体评估结果，识别教学中的问题和不足。例如，如果发现大多数学生在某个文化主题的理解上存在困难，教师就需要反思相关的教学方法是否恰当，是否需要调整教学内容或增加练习。通过这种方式，评估结果能够直接促进教学质量的提升。

最后，建立长期的文化能力发展跟踪机制。文化能力的发展是一个长期过程，单次评估难以全面反映学生的进步。我们可以建立学生的文化学习档案，记录他们在不同阶段的评估结果和表现。通过比较不同时期的评估结果，我们能够更好地了解学生的文化能力发展轨迹，为长期的教学规划提供依据。

通过这种系统的反馈和应用机制，评估结果能够真正发挥其促进学习和改进教学的作用，使文化教学评估成为推动国际汉语教育质量提升的有力工具。

四、文化教学评估的挑战与展望

（一）当前面临的挑战

尽管文化教学评估在国际汉语教育中的重要性日益凸显，但在实际实施过程中仍面临诸多挑战：

首先，文化能力的复杂性和抽象性给评估带来了困难。与语言能力相比，文化能力更难以量化和测量。例如，如何客观评价学生的文化敏感性或跨文化理解能力，仍是一个待解决的问题。

其次，评估标准的制定缺乏统一的指导框架。不同的教育机构和教师可能有不同的文化教学目标和评估标准，这导致评估结果难以横向比较和推广。

再次，评估方法和工具的开发还不够成熟。虽然已有一些文化评估工具，但多数仍处于探索阶段，其有效性和可靠性需要进一步验证。

此外，教师的文化评估能力也是一个挑战。许多语言教师可能缺乏专业的文化评估训练，难以准确把握文化能力的发展特征和评估要点。

最后，如何平衡语言教学和文化教学的评估比重，也是一个需要慎重考虑的问题。过分强调文化评估可能会影响语言能力的培养，而忽视文化评估又可能导致学生的文化能力发展受限。

（二）未来发展方向

面对这些挑战，文化教学评估的未来发展可以从以下几个方向努力：

首先，加强理论研究，建立系统的文化能力评估框架。需要深入研究文化能力的构成要素和发展规律，为评估提供理论基础。例如，可以借鉴跨文化交际能力模型，构建适合国际汉语教育的文化能力评估框架。

其次，开发多元化、标准化的评估工具。需要设计既能反映文化能力复杂性，又便于操作的评估工具。例如，可以开发综合性的文化能力测试，包括知识测试、情境判断、文化分析等多个模块。同时，也要注重评估工具的标准化，提高其信效度。

再次，加强教师培训，提高文化教学和评估能力。可以通过专业培训、工作坊等形式，提升教师的文化评估意识和技能。培训内容应该包括文化评估理论、评估方法、评估工具的使用等。

此外，利用现代技术手段，创新评估方式。例如，可以开发基于人工智能的文化能力评估系统，通过大数据分析学生的文化学习轨迹。虚拟现实技术也可以用于创造模拟的跨文化情境，评估学生的文化应用能力。

最后，加强国际合作和经验交流。文化教学评估是一个全球性的课题，需要汇集不同国家和地区的智慧。可以通过国际会议、联合研究项目等形式，促进文化教学评估领域的国际交流与合作。

通过这些努力，我们有望建立起更加科学、有效的文化教学评估体系，为国际汉语教育的质量提升提供有力支持。文化教学评估不仅能够准确反映学生的文化学习成效，还能为文化教学的改进提供依据，最终实现语言能力和文化能力的协调发展，培养出真正具备跨文化交际能力的国际化人才。

第六章　国际汉语教育的未来发展与研究方向

第一节 国际汉语教育的未来趋势与展望

随着全球化进程的不断深入，国际汉语教育正迎来前所未有的发展机遇。本节将深入探讨国际汉语教育的未来趋势，并对其发展前景进行展望。

一、数字化与智能化教学模式的普及

（一）在线教育平台的迅速发展

在线教育平台的蓬勃发展为国际汉语教育带来了革命性的变革。这些平台不仅打破了地理限制，使世界各地的学习者能够便捷地接触中文教育资源，还通过丰富多样的互动形式提高了学习的趣味性和效果。例如，某知名在线中文学习平台通过引入虚拟现实（VR）技术，让学习者仿佛置身于中国的街道、市场或博物馆中，通过沉浸式体验来学习语言和文化。这种创新的学习方式不仅增强了学习者的参与感，还大大提高了他们对中国文化的理解和兴趣。未来，我们可以预见更多类似的创新将不断涌现，进一步推动在线中文教育的发展。

与此同时，人工智能（AI）技术在语言教育领域的应用也日益广泛。智能语音识别系统能够精确评估学习者的发音，并提供个性化的纠正建议。自适应学习算法则可以根据每个学习者的进度和偏好，定制最适合的学习内容和进度。这种个性化的学习体验不仅提高了学习效率，还大大增强了学习者的自主性和积极性。未来，随着AI技术的不断进步，我们有理由相信，中文学习将变得更加智能化、个性化，从而吸引更多的国际学习者。

然而，我们也需要注意到在线教育可能带来的一些挑战。例如，如何保证线上课程的质量，如何维护师生之间的情感联系，如何避免学习者产生孤立感等，都是需要我们深入思考和解决的问题。未来的国际汉语教育工作者应该积极探索线上线下相结合的混合式教学模式，充分发挥两种教学方式的优势，为学习者

提供最优质的学习体验。

（二）移动学习 app 的广泛应用

随着智能手机的普及，移动学习app在国际汉语教育中扮演着越来越重要的角色。这些app不仅为学习者提供了随时随地学习的便利，还通过游戏化设计、社交功能等创新方式，大大提高了学习的趣味性和持续性。例如，某热门中文学习app通过设置每日挑战、积分奖励等机制，成功激发了学习者的学习动力。另一款app则引入了社交元素，让全球的中文学习者可以互相交流、切磋，形成了一个活跃的学习社区。

未来，我们可以预见移动学习app将更加智能化和个性化。通过大数据分析，app可以精准把握每个学习者的学习习惯和难点，提供量身定制的学习内容和建议。例如，如果系统发现某个学习者在声调方面存在困难，就会自动增加相关的练习题；如果发现学习者对中国美食特别感兴趣，就会推送更多与美食相关的词汇和文化知识。这种智能化的学习体验将大大提高学习效率，让中文学习变得更加轻松愉快。

然而，我们也要警惕过度依赖移动app可能带来的问题。例如，如何保证学习的系统性和完整性，如何避免学习者产生碎片化学习的习惯，如何平衡app学习与传统课堂学习，都是值得我们深入思考的问题。未来，国际汉语教育工作者应该积极探索如何将移动学习有机地融入整体的教学体系中，让它成为提高学习效果的有力工具，而不是孤立的学习方式。

（三）人工智能辅助教学的广泛应用

人工智能技术在国际汉语教育中的应用前景广阔。AI不仅可以辅助教师进行教学，还能为学习者提供个性化的学习指导。例如，AI助教可以根据学习者的回答实时生成练习题，针对性地巩固薄弱环节。AI语音助手则可以与学习者进行实时对话，帮助他们提高口语水平。这些技术的应用大大提高了教学的效率和针对性，使得有限的教学资源能够服务更多的学习者。

未来，我们可以预见AI在国际汉语教育中的应用将更加深入和广泛。例如，AI可能会在课程设计、教材编写、考试评估等方面发挥重要作用。通过分析海量的学习数据，AI可以帮助我们更好地理解学习者的需求和学习规律，从而不断优化教学内容和方法。同时，AI还可能在跨文化交流方面发挥重要作用，帮助学习者更好地理解和适应中国文化。

然而，我们也需要清醒地认识到，AI并不能完全取代人类教师的作用。如何在AI辅助教学中保持人文关怀，如何平衡技术应用与传统教学方法，如何培养学习者的创造性思维，这些都是未来国际汉语教育面临的重要课题。我们需要在实践中不断探索，找到人工智能与人类智慧的最佳结合点，推动国际汉语教育向更高水平发展。

二、跨学科融合教学的深化

（一）中文与专业知识的有机结合

随着全球化进程的深入，仅仅掌握中文语言已经不能满足国际社会的需求。越来越多的学习者希望将中文学习与自己的专业领域结合起来，以提高自己在国际市场中的竞争力。因此，未来的国际汉语教育将更加注重中文与专业知识的有机结合。例如，针对商务人士的中文课程可能会加入更多商业谈判、市场分析等相关内容；针对工程技术人员的课程则可能会加入更多科技词汇和技术文献阅读训练。

这种跨学科融合的教学模式不仅能够提高学习者的学习动力，还能帮助他们更好地将中文应用到实际工作中。例如，某国际知名大学开设了中文医学课程，不仅教授医学相关的中文词汇和表达，还介绍中国传统医学的基本理念和实践。这种课程受到了医学专业学生的热烈欢迎，不仅提高了他们的中文水平，还拓展了他们的专业视野。

未来，我们可以预见会有更多类似的跨学科中文课程出现，涵盖经济、法律、艺术、科技等各个领域。这种趋势要求中文教师不仅要有扎实的语言功底，还要具备广泛的知识面和跨学科合作能力。同时，也需要教育机构在课程设置、教材编写等方面进行相应的调整和创新。

（二）中华文化与世界文化的对话交融

在全球化背景下，国际汉语教育不能局限于单向的文化输出，而应该致力于促进中华文化与世界文化的对话交融。未来的中文教学将更加注重培养学习者的跨文化理解能力和全球视野。例如，在教授中国传统节日时，可以引导学习者比较不同国家的类似节日，探讨其中的文化共性与差异。在讲解中国古代哲学思想时，可以与西方哲学进行对比，鼓励学习者从多元文化的角度思考人生和世界。

这种教学方式不仅能够加深学习者对中华文化的理解，还能培养他们的文化包容性和批判性思维能力。例如，某国际汉语教育机构开设了中西文化比较课程，通过对比中西方的艺术、文学、哲学等，引导学习者深入思考文化差异背后的原因，以及不同文化之间的互动与影响。这种课程受到了学习者的广泛好评，他们表示这不仅提高了他们的中文水平，还开阔了他们的文化视野。

未来，我们可以预见国际汉语教育将更加重视培养具有全球视野的中文人才。这要求我们不断更新教学理念，改进教学方法，努力构建一个开放、包容、互鉴的中文教育体系。同时，也需要我们加强与其他国家教育机构的合作，共同探索跨文化教育的新模式。

（三）语言学习与技能培养的综合发展

未来的国际汉语教育将不再局限于语言知识的传授，而是更加注重学习者综合能力的培养。除了语言技能，批判性思维、创新能力、团队协作等软实力的培养也将成为中文教学的重要目标。例如，在中文写作课程中，可以加入更多批判性思考和创意写作的训练；在口语课程中，可以增加小组讨论、辩论等互动形式，培养学习者的沟通能力和团队精神。

这种综合性的教学模式不仅能够提高学习者的中文水平，还能帮助他们更好地适应全球化时代的需求。例如，某中文教育机构开设了中文创业课程，不仅教授相关的中文词汇和表达，还通过案例分析、模拟练习等方式，培养学习者的商业思维和创新能力。这种课程受到了许多有志于在中国创业的国际学生的欢迎，他们表示这不仅提高了他们的中文水平，还为他们未来的职业发展打下了良好基础。

未来，我们可以预见国际汉语教育将更加注重培养具有全面素质的中文人才。这要求我们不断创新教学内容和方法，将语言学习与技能培养有机结合，为学习者提供更加全面和实用的中文教育。同时，也需要我们加强与企业、社会组织等的合作，为学习者提供更多实践机会，帮助他们将所学知识应用到实际中。

三、文化传播与国际交流的深化

（一）数字文化传播的创新与发展

随着互联网技术的飞速发展，数字文化传播在国际汉语教育中扮演着越来越重要的角色。未来，我们将看到更多创新型的数字文化传播方式。例如，虚拟现实（VR）和增强现实（AR）技术可能被广泛应用于中华文化的展示和体验中。学习者可以通过VR设备虚拟参观中国的名胜古迹，体验中国传统节日的氛围，或者参与中国传统艺术的创作过程。这种沉浸式的文化体验不仅能够增强学习的趣味性，还能帮助学习者更深入地理解中华文化的内涵。

同时，社交媒体平台也将在文化传播中发挥更大作用。例如，短视频平台上的中文学习内容正在成为年轻学习者喜爱的学习方式。未来，我们可能会看到更多针对不同年龄段、不同兴趣的中文文化传播内容。这些内容不仅包括语言知识，还可能涵盖中国的时尚、美食、音乐等各个方面，全方位展示中国文化的魅力。

然而，我们也需要注意到数字文化传播可能带来的一些挑战。例如，如何确保网络上传播的文化内容的准确性和权威性，如何避免文化传播中的刻板印象和误解，如何在虚拟体验中保持文化的真实性等。这些都是未来国际汉语教育工作者需要认真思考和解决的问题。

（二）中外文化交流项目的深化与拓展

未来，中外文化交流项目将在国际汉语教育中发挥更加重要的作用。这些项目不仅能够为学习者提供语言实践的机会，还能促进中外文化的深度交流。例如，一些大学正在探索建立长期的中外学生交换项目，让中外学生有机会长期生活在对方国家，深入体验当地文化。这种深度的文化浸润不仅能够极大地提高学习者的语言水平，还能培养他们的跨文化理解能力和全球视野。

同时，我们也可以预见更多创新型的文化交流项目的出现。例如，一些机构正在尝试组织中外学生共同参与的文化创意项目，如联合编写双语故事书、制作跨文化主题的纪录片等。这种形式不仅能够促进语言学习，还能培养学生的创新能力和团队合作精神。另外，一些机构也在探索利用网络技术开展虚拟文化交流项目，让无法亲自出国的学习者也能体验跨文化交流的乐趣。

未来，这些文化交流项目可能会更加多元化和个性化。例如，可能会出现针对特定专业或兴趣领域的交流项目，如中医文化体验营、中国科技创新考察团等。这些专题化的交流项目能够更好地满足不同学习者的需求，提高交流的针对性和效果。

然而，我们也需要注意到文化交流项目中可能存在的一些问题。例如，如何确保交流的双向性，避免文化交流变成单向的文化输出；如何在交流中处理文化差异和冲突；如何评估交流项目的长期效果等。这些都需要我们在实践中不断探索和改进。

（三）中华文化的创新传承与国际化表达

在全球化背景下，中华文化的传承与创新将成为国际汉语教育的重要课题。未来，我们需要更加注重中华文化的创新性表达，使其能够更好地与当代世界对话。例如，一些文化机构正在尝试将中国传统艺术与现代技术结合，创作出既有传统韵味又富有现代感的文化作品。这种创新不仅能够吸引年轻一代的兴趣，还能展示中华文化的生命力和包容性。

同时，我们也需要更加重视中华文化的国际化表达。这不仅意味着要提高文化翻译的质量，更要学会用国际受众能够理解和接受的方式来诠释中华文化。例如，一些教育机构正在探索如何将中国传统哲学思想与现代管理理念结合，开发出既有中国特色又具有普遍适用性的管理课程。这种尝试不仅能够促进中华文化的国际传播，还能为解决全球性问题提供中国智慧。

未来，我们可能会看到更多中华文化与其他文化融合创新的尝试。例如，中西音乐的融合创作、中国元素在国际时尚设计中的应用等。这种文化融合不仅能够产生新的文化形式，还能促进不同文化之间的理解和对话。

然而，在这个过程中，我们也需要警惕文化创新可能带来的一些风险。例如，如何在创新中保持文化的本真性；如何平衡传统与现代、民族性与国际性；如何避免文化融合中的肤浅化和商业化等。这些都需要我们在实践中不断思考和探索。

第二节 文化融入与技术创新的结合探索

随着科技的飞速发展，国际汉语教育正面临着前所未有的机遇与挑战。如何将文化融入与技术创新有机结合，成为推动国际汉语教育发展的关键问题。本节将深入探讨这一主题，为未来国际汉语教育的发展提供新的思路。

一、虚拟现实技术在文化教学中的应用

（一）沉浸式文化体验的创新设计

虚拟现实（VR）技术为国际汉语教育提供了全新的文化教学方式。通过VR技术，我们可以创造出身临其境的文化体验环境，让学习者仿佛置身于中国的历史场景或现代都市中。例如，某国际汉语教育机构开发了一款VR文化体验课程，学习者可以在虚拟环境中漫步于中国古代的街巷，参与传统节日的庆祝活动，甚至与历史人物进行对话。这种沉浸式的体验不仅能够激发学习者的兴趣，还能帮助他们更深入地理解中国文化的内涵。

未来，我们可以预见VR文化体验课程将更加丰富和多元。例如，可能会出现模拟中国不同历史时期的文化场景，让学习者体验中国文化的演变过程；或者创建虚拟的文化交流空间，让来自世界各地的学习者在虚拟环境中进行跨文化对话。这些创新不仅能够提高文化教学的趣味性和有效性，还能为学习者提供难得的文化体验机会。

然而，在设计这些VR文化体验课程时，我们也需要注意一些问题。首先，如何确保虚拟体验的真实性和准确性，避免出现文化误读或刻板印象。其次，如何平衡虚拟体验与实际学习，确保学习者不会过度依赖虚拟环境而忽视真实世界的文化体验。最后，如何针对不同年龄段和文化背景的学习者设计适合的VR体验内容，这些都需要我们在实践中不断探索和改进。

（二）增强现实技术在语言文化学习中的运用

增强现实（AR）技术为语言文化学习提供了新的可能性。通过AR技术，我们可以将虚拟信息叠加到现实环境中，创造出丰富的语言文化学习场景。例如，某教育科技公司开发了一款AR中文学习app，学习者只需用手机扫描周围的物品，就能看到相应的中文词汇和文化知识。这种将语言学习与日常生活紧密结合的方式，不仅能够提高学习的趣味性，还能帮助学习者更好地理解和记忆所学内容。

未来，AR技术在国际汉语教育中的应用将更加广泛和深入。例如，我们可能会看到AR技术被应用到中文教材中，学习者只需用手机扫描书页，就能看到相关的视频讲解或3D模型。或者，我们可能会看到AR导览系统被应用到文化体验活动中，学习者在参观中国文化景点时，可以通过AR设备获取丰富的语言和文化信息。这些应用不仅能够丰富学习内容，还能为学习者提供更加个性化和互动性的学习体验。

然而，在开发和应用这些AR学习工具时，我们也需要注意一些问题。首先，如何确保AR内容的教育价值，避免技术炫耀大于教学效果。其次，如何平衡AR学习与传统学习方式，确保学习者不会过度依赖技术而忽视基础知识的积累。最后，如何保护学习者的隐私和数据安全，这些都是我们需要认真考虑的问题。

（三）人工智能辅助下的个性化文化学习

人工智能（AI）技术为国际汉语教育提供了个性化学习的可能性。通过AI技术，我们可以根据学习者的兴趣、学习进度和文化背景，为其提供量身定制的学习内容和学习路径。例如，某在线中文学习平台利用AI算法分析学习者的学习行为和偏好，自动推荐最适合的文化学习内容和练习题。这种个性化的学习方式不仅能够提高学习效率，还能增强学习者的学习动力。

未来，AI在国际汉语教育中的应用将更加智能和多元。例如，我们可能会看到AI语言助手能够根据学习者的文化背景和语言水平，提供更加精准的翻译和解释。或者，我们可能会看到AI系统能够自动生成适合不同学习者的文化课程内容，甚至能够模拟不同文化背景的交流对象，帮助学习者练习跨文化交际。这些应用不仅能够提高学习的针对性和效果，还能为教师提供宝贵的教学反馈和建议。

然而，在应用AI技术时，我们也需要警惕一些潜在的问题。首先，如何确保AI系统的文化敏感性，避免出现文化偏见或误解。其次，如何平衡AI辅助与人工指导，确保不会忽视人文关怀和情感交流。最后，如何保护学习者的数据隐私，这些都是我们需要认真思考和解决的问题。

二、大数据分析在文化教学评估中的应用

（一）文化学习效果的量化评估

大数据分析技术为国际汉语教育中的文化学习评估提供了新的可能性。通过收集和分析学习者在学习过程中产生的大量数据，我们可以更加全面和客观地评估文化学习的效果。例如，某国际汉语教育机构利用大数据分析技术，对学习者的学习行为、成绩表现、文化理解程度等进行综合分析，从而得出更加精准的文化学习评估结果。这种基于数据的评估方法不仅能够提高评估的准确性，还能为教学改进提供有力的依据。

未来，大数据在文化学习评估中的应用将更加深入和广泛。例如，我们可能会看到更加精细化的评估指标体系，能够从多个维度评估学习者的文化理解能力和跨文化交际能力。或者，我们可能会看到实时评估系统的出现，能够及时反馈学习者的文化学习状况，并提供针对性的学习建议。这些应用不仅能够帮助教育机构更好地了解学习者的需求和进步，还能为制订个性化的教学策略提供支持。

然而，在应用大数据分析技术时，我们也需要注意一些问题。首先，如何确保数据收集的合法性和伦理性，保护学习者的隐私权。其次，如何平衡量化评估与质性评估，避免过度依赖数据而忽视文化学习的复杂性和主观性。最后，如何解释和应用评估结果，避免简单化或机械化的结论，这些都需要我们在实践中不断探索和完善。

（二）文化教学内容的动态优化

大数据分析技术为文化教学内容的优化提供了科学依据。通过分析学习者的学习行为和反馈，我们可以及时发现教学内容中的问题，并进行动态调整。例如，某在线中文学习平台利用大数据分析技术，实时监测学习者对不同文化主题的兴趣程度和学习效果，从而动态调整课程内容和难度。这种基于数据的教学优化不仅能够提高教学的针对性和有效性，还能及时响应学习者的需求变化。

未来，大数据在文化教学内容优化中的应用将更加智能和精准。例如，我们可能会看到智能推荐系统的出现，能够根据学习者的兴趣和学习进度，自动推荐最适合的文化学习内容。或者，我们可能会看到自适应学习系统的普及，能够根据学习者的表现自动调整教学内容的难度和深度。这些应用不仅能够提高教学的灵活性和个性化程度，还能为教育机构节省大量的人力资源。

然而，在应用大数据进行教学内容优化时，我们也需要警惕一些潜在的风险。首先，如何平衡数据驱动与教育理念，避免过度迎合学习者的短期兴趣而忽视长期的教育目标。其次，如何保持教学内容的系统性和完整性，避免因过度个性化而导致知识体系的碎片化。最后，如何处理不同文化背景学习者的需求差异，这些都是我们需要认真思考和解决的问题。

（三）跨文化交际能力的追踪分析

大数据分析技术为跨文化交际能力的发展追踪提供了新的途径。通过长期收集和分析学习者在跨文化交际中的表现数据，我们可以更加清晰地了解学习者跨文化能力的发展轨迹。例如，某国际教育机构开发了一套跨文化能力追踪系统，通过分析学习者在不同文化情境下的语言使用、行为表现和情感反应等数据，绘制出每个学习者的跨文化能力发展图谱。这种基于数据的能力追踪不仅能够帮助教育者更好地了解学习者的进步，还能为制订个性化的教学策略提供依据。

未来，大数据在跨文化交际能力追踪分析中的应用将更加全面和深入。例如，我们可能会看到更加精细化的跨文化能力评估模型，能够从语言能力、文化知识、交际策略、情感态度等多个维度评估学习者的跨文化交际能力。或者，我们可能会看到跨文化交际模拟系统的出现，能够通过虚拟情境测试学习者的跨文化交际能力，并提供即时反馈和改进建议。这些应用不仅能够为学习者提供更加清晰的能力发展反馈，还能为教育机构提供宝贵的教学评估数据。

然而，在应用大数据进行跨文化交际能力追踪时，我们也需要注意一些问题。首先，如何确保评估标准的文化中立性，避免以单一文化标准评判跨文化能力。其次，如何平衡定量分析与定性评估，避免将复杂的跨文化能力简化为几个数字指标。最后，如何保护学习者的隐私，避免过度收集和使用个人数据，这些都需要我们在实践中不断探索和完善。

三、区块链技术在文化教育资源共享中的应用

（一）文化教育资源的去中心化共享

区块链技术为国际汉语教育资源的共享提供了新的可能性。通过区块链技术，我们可以建立一个去中心化的文化教育资源共享平台，实现资源的安全、透明和高效共享。例如，某国际教育联盟正在探索使用区块链技术构建一个全球中

文教育资源库，参与机构可以在这个平台上上传、下载和使用各种中文教育资源，同时通过智能合约确保资源的版权保护和使用追踪。这种基于区块链的资源共享模式不仅能够提高资源利用效率，还能促进全球中文教育机构之间的合作与交流。

未来，区块链在文化教育资源共享中的应用将更加广泛和深入。例如，我们可能会看到基于区块链的数字教材系统，能够实现教材内容的实时更新和个性化定制。或者，我们可能会看到跨机构的学分互认系统，学习者在不同机构获得的学习成果可以通过区块链进行认证和转换。这些应用不仅能够提高教育资源的流动性和价值，还能为学习者提供更加灵活和多元的学习途径。

然而，在应用区块链技术进行资源共享时，我们也需要注意一些潜在的问题。首先，如何确保资源的质量控制，避免劣质或不适当的内容进入共享平台。其次，如何平衡开放共享与知识产权保护，确保资源创作者的权益不受侵犯。最后，如何处理不同国家和地区在数据管理和隐私保护方面的法律差异，这些都是我们需要认真思考和解决的问题。

（二）文化学习成果的区块链认证

区块链技术为文化学习成果的认证提供了新的方式。通过区块链技术，我们可以建立一个不可篡改、可追溯的学习成果认证系统，确保学习证书的真实性和可靠性。例如，某国际汉语教育机构正在尝试使用区块链技术发放数字学习证书，学习者完成课程后获得的证书会被记录在区块链上，任何人都可以通过区块链验证证书的真实性。这种基于区块链的认证方式不仅能够提高证书的可信度，还能为学习者提供终身有效的学习档案。

未来，区块链在文化学习成果认证中的应用将更加多元和智能。例如，我们可能会看到微证书系统的普及，学习者完成的每一个学习模块都可以获得相应的微证书，这些微证书可以灵活组合，形成个性化的学习履历。或者，我们可能会看到跨机构、跨国家的学习成果互认系统，通过区块链技术实现不同教育体系间的学分转换和证书互认。这些应用不仅能够提高学习成果的价值和可携带性，还能为学习者提供更加灵活的学习和职业发展路径。

然而，在应用区块链技术进行学习成果认证时，我们也需要警惕一些潜在的风险。首先，如何确保认证标准的一致性和公平性，避免不同机构间的认证差异过大。其次，如何平衡学习成果的公开性与个人隐私保护，确保学习者有权控制自己的学习数据。最后，如何处理区块链系统可能面临的技术挑战，如扩展性问题和能源消耗问题，这些都需要我们在实践中不断探索和完善。

（三）跨文化合作项目的智能合约管理

区块链技术为跨文化合作项目的管理提供了新的工具。通过智能合约，我们可以实现跨文化合作项目的自动化管理，提高项目运行的效率和透明度。例如，某国际汉语教育联盟正在探索使用智能合约管理跨国文化交流项目，参与各方的权责、资金流转、成果分享等都通过智能合约自动执行，大大减少了人为干预和潜在纠纷。这种基于区块链的项目管理方式不仅能够提高合作效率，还能促进国际文化教育机构之间的互信与合作。

未来，智能合约在跨文化合作项目管理中的应用将更加广泛和深入。例如，我们可能会看到基于智能合约的国际学生交换系统，能够自动匹配交换学生，管理学费支付，跟踪学习进度等。或者，我们可能会看到跨国文化创意项目的智能管理平台，能够自动分配任务，追踪项目进度，分配收益等。这些应用不仅能够简化跨文化合作的流程，还能为参与各方提供更加公平和透明的合作环境。

然而，在应用智能合约管理跨文化合作项目时，我们也需要注意一些潜在的问题。首先，如何确保合约设计的合理性和灵活性，避免因合约设计不当而影响项目的正常运行。其次，如何处理智能合约执行过程中可能出现的争议，确保有适当的纠纷解决机制。最后，如何平衡技术创新与传统管理方式，确保参与各方能够适应新的管理模式，这些都是我们需要认真思考和解决的问题。

第三节 跨文化交流研究的新领域与动态

随着全球化进程的深入和技术的快速发展，跨文化交流研究正面临新的机遇和挑战。本节将探讨跨文化交流研究的新兴领域和最新动态，为国际汉语教育的发展提供新的视角和思路。

一、数字时代的跨文化交流模式研究

（一）社交媒体与跨文化交流

社交媒体的普及为跨文化交流带来了新的可能性和挑战。研究表明，社交媒体不仅改变了人们的交流方式，还深刻影响着跨文化交流的形式和内容。例如，某研究团队通过分析不同文化背景用户在社交媒体上的交流行为，发现社交媒体在促进跨文化理解的同时，也可能强化某些文化刻板印象。这种基于大数据的跨文化交流研究不仅能够帮助我们更好地理解数字时代的跨文化交流特点，还能为制定有效的跨文化交流策略提供依据。

未来，社交媒体与跨文化交流的研究将更加深入和多元。例如，我们可能会看到更多关于社交媒体算法对跨文化交流影响的研究，探讨算法推荐如何影响人们的跨文化信息获取和交流行为。或者，我们可能会看到更多关于社交媒体中跨文化身份建构的研究，探讨人们如何在虚拟空间中展示和协商自己的文化身份。这些研究不仅能够加深对数字时代跨文化交流的理解，还能为国际汉语教育提供新的教学思路和方法。

然而，在开展社交媒体跨文化交流研究时，我们也需要注意一些潜在的问题。首先，如何确保研究的伦理性，避免侵犯用户隐私。其次，如何处理社交媒体数据的真实性和代表性问题，避免得出片面或误导性的结论。最后，如何将研究发现转化为实际的教育策略和实践，这些都需要研究者认真思考和探索。

（二）虚拟现实环境中的跨文化互动

虚拟现实（VR）技术为跨文化交流研究提供了新的实验平台。通过VR技术，研究者可以创建高度控制和可重复的跨文化互动环境，从而更加深入地研究跨文化交流的过程和影响因素。例如，某研究团队利用VR技术模拟不同文化背景的虚拟角色，研究人们在面对文化差异时的反应和适应策略。这种基于VR的跨文化交流研究不仅能够克服传统研究方法的局限性，还能为跨文化教育提供创新的教学工具。

未来，VR技术在跨文化交流研究中的应用将更加广泛和深入。例如，我们可能会看到更多利用VR技术研究非言语交际在跨文化交流中作用的研究，探讨不同文化背景的人如何解读和使用身体语言、面部表情等非言语线索。或者，我们可能会看到更多利用VR技术研究文化冲突和文化适应的研究，探讨人们如何在虚拟环境中应对文化差异和冲突。这些研究不仅能够提供新的跨文化交流理论视角，还能为跨文化能力培养提供实践指导。

然而，在开展VR跨文化交流研究时，我们也需要注意一些潜在的问题。首先，如何确保虚拟环境的真实性和有效性，避免研究结果与现实情况存在较大差异。其次，如何处理VR体验可能带来的伦理问题，如文化刻板印象的强化或文化冲突的负面影响。最后，如何平衡技术创新与传统研究方法，确保不会过度依赖技术而忽视人文关怀，这些都需要研究者在实践中不断探索和完善。

（三）人工智能辅助下的跨文化沟通

人工智能（AI）技术为跨文化交流研究提供了新的研究对象和工具。AI不仅可以作为跨文化交流的辅助工具，还可能成为交流的参与者，这为跨文化交流研究带来了新的课题。例如，某研究团队正在探讨AI翻译工具如何影响跨文化交流的效果和质量，以及人们如何看待和使用这些AI工具。这种关于AI与跨文化交流的研究不仅能够帮助我们理解技术对跨文化交流的影响，还能为AI工具的开发和应用提供指导。

未来，AI在跨文化交流研究中的角色将更加多元和重要。例如，我们可能会看到更多关于AI文化助手在跨文化适应中作用的研究，探讨这些AI工具如何帮助人们克服文化冲击，适应新的文化环境。或者，我们可能会看到更多关于人机跨文化交互的研究，探讨人们如何与不同文化背景的AI系统进行交流，以及这种交互如何影响人们的文化认知和态度。这些研究不仅能够推动跨文化交流理论的创新，还能为AI技术在国际汉语教育中的应用提供理论支撑。

然而，在开展 AI 辅助跨文化交流研究时，我们也需要警惕一些潜在的风险。首先，如何确保 AI 系统的文化敏感性，避免 AI 工具强化或传播文化偏见。其次，如何平衡 AI 辅助与人际交流，确保不会过度依赖技术而忽视真实的人际互动。最后，如何处理 AI 可能带来的伦理问题，如隐私保护、数据安全等，这些都需要研究者认真思考和探索。

二、跨文化能力发展的新理论与模型

（一）动态系统理论在跨文化能力研究中的应用

动态系统理论为跨文化能力的研究提供了新的视角。这一理论强调跨文化能力的发展是一个复杂、非线性的过程，受到多种因素的相互影响。例如，某研究团队运用动态系统理论分析了留学生的跨文化适应过程，发现语言能力、社交网络、文化认同等因素之间存在复杂的动态互动关系，共同影响着跨文化能力的发展。这种基于动态系统理论的研究不仅能够帮助我们更全面地理解跨文化能力的发展机制，还能为制定更有效的跨文化教育策略提供指导。

未来，动态系统理论在跨文化能力研究中的应用将更加深入和广泛。例如，我们可能会看到更多利用动态系统建模技术研究跨文化能力发展轨迹的研究，探讨不同个体在不同情境下的跨文化能力发展模式。或者，我们可能会看到更多关于跨文化能力发展中的关键转折点和敏感期的研究，探讨如何在适当的时机提供有效的跨文化教育干预。这些研究不仅能够推动跨文化能力理论的创新，还能为国际汉语教育的课程设置和教学方法提供新的思路。

然而，在应用动态系统理论进行跨文化能力研究时，我们也需要注意一些潜在的挑战。首先，如何有效收集和分析反映动态变化的数据，避免研究结果过于简化或片面。其次，如何平衡理论的复杂性和实际应用的可操作性，确保研究发现能够转化为具体的教育实践。最后，如何处理个体差异和情境因素的影响，这些都需要研究者在实践中不断探索和完善。

（二）跨文化神经科学的兴起与发展

跨文化神经科学的兴起为跨文化能力研究提供了新的方法和视角。通过运用脑成像技术，研究者能够探索文化差异对大脑活动的影响，以及跨文化经历如何塑造大脑结构和功能。例如，某研究团队利用功能性磁共振成像（fMRI）技术研究了双语者在不同语言环境下的大脑活动模式，发现语言切换能力与特定脑区的激活有关。这种跨文化神经科学研究不仅能够帮助我们从生理层面理解文化差异和跨文化能力，还能为跨文化教育提供科学依据。

未来，跨文化神经科学的研究将更加多元和深入。例如，我们可能会看到更多关于文化差异对情绪处理和社会认知的神经机制影响的研究，探讨不同文化背景如何塑造人们的情感反应和社交行为。或者，我们可能会看到更多关于跨文化经历对大脑可塑性影响的研究，探讨长期沉浸在多元文化环境中如何改变大脑结构和功能。这些研究不仅能够加深我们对跨文化能力的生物学基础的理解，还能为国际汉语教育提供新的教学策略和方法。

然而，在开展跨文化神经科学研究时，我们也需要警惕一些潜在的风险。首先，如何避免简单化的文化决定论，认识到文化、环境和个体因素的复杂互动。其次，如何平衡生物学解释和社会文化解释，避免过度生物学化的倾向。最后，如何处理跨文化神经科学研究可能带来的伦理问题，如文化标签化或文化歧视，这些都需要研究者谨慎思考和探索。

（三）生态系统视角下的跨文化能力模型

生态系统视角为跨文化能力研究提供了一个整体性的框架。这一视角强调个体的跨文化能力发展嵌套在多层次的生态系统中，受到微系统（如家庭、学校）、中系统（如文化社区）、外系统（如政策环境）和宏系统（如文化价值观）的共同影响。例如，某研究团队运用生态系统理论分析了国际学生的跨文化适应过程，发现学校的国际化氛围、当地社区的包容度、留学政策等因素共同塑造了学生的跨文化体验和能力发展。这种基于生态系统视角的研究不仅能够帮助我们更全面地理解跨文化能力发展的复杂性，还能为制定多层次的跨文化教育策略提供指导。

未来，生态系统视角在跨文化能力研究中的应用将更加深入和系统。例如，我们可能会看到更多关于不同生态系统层级因素互动对跨文化能力影响的研究，探讨如何协调各层级的资源和力量来促进跨文化能力的发展。或者，我们可能会看到更多关于跨文化能力发展的生态干预模型的研究，探讨如何在不同层级实施有效的跨文化教育干预。这些研究不仅能够推动跨文化能力理论的创新，还能为国际汉语教育的整体规划和实施提供新的思路。

然而，在应用生态系统视角进行跨文化能力研究时，我们也需要注意一些潜在的挑战。首先，如何有效收集和整合反映不同生态系统层级的数据，避免研究过于庞杂或缺乏焦点。其次，如何平衡生态系统的整体性和具体教育实践的可操作性，确保研究发现能够转化为实际的教育策略。最后，如何处理不同文化背景下生态系统结构和功能的差异，这些都需要研究者在实践中不断探索和反思。

三、跨文化交际中的新兴议题研究

（一）全球化背景下的文化身份协商

全球化进程不断深入，文化身份的协商成为跨文化交际研究中的重要议题。研究表明，在跨文化接触中，个体常常需要不断调整和重新定义自己的文化身份。例如，某研究团队通过长期跟踪海外华人社区，发现他们在保持中华文化认同的同时，也在积极融入当地文化，形成了独特的混合文化身份。这种关于文化身份协商的研究不仅能够帮助我们理解全球化背景下的文化动态，还能为国际汉语教育提供新的视角。

未来，文化身份协商研究将更加多元和深入。例如，我们可能会看到更多关于数字时代文化身份建构的研究，探讨社交媒体和虚拟社区如何影响人们的文化认同和表达。或者，我们可能会看到更多关于跨文化婚姻家庭中的文化身份协商研究，探讨不同文化背景的家庭成员如何在日常生活中协调和融合多元文化。这些研究不仅能够加深我们对文化身份动态性的理解，还能为国际汉语教育中的文化认同教育提供新的思路。

　　然而，在开展文化身份协商研究时，我们也需要注意一些潜在的问题。首先，如何避免将文化身份本质化或固化，认识到文化身份的流动性和多元性。其次，如何平衡全球化与本土化的张力，避免简单地推崇文化融合或文化纯粹。最后，如何处理文化身份研究可能涉及的敏感政治问题，这些都需要研究者谨慎思考和探索。

　　（二）数字时代的跨文化伦理与道德教育

　　数字技术的发展不仅改变了跨文化交际的方式，也带来了新的伦理和道德挑战。研究表明，在线跨文化交流中常常出现文化冲突、信息误读、隐私侵犯等问题。例如，某研究团队分析了国际学生在社交媒体上的跨文化互动，发现由于文化差异和媒体素养不足，常常出现误解和冲突。这种关于数字时代跨文化伦理的研究不仅能够帮助我们理解新的跨文化挑战，还能为国际汉语教育中的道德教育提供新的内容。

　　未来，数字时代的跨文化伦理研究将更加系统和深入。例如，我们可能会看到更多关于人工智能时代跨文化交际伦理的研究，探讨如何在 AI 辅助交流中保护文化多样性和个人隐私。或者，我们可能会看到更多关于虚拟现实环境中的跨文化道德行为研究，探讨如何在虚拟世界中培养跨文化同理心和尊重。这些研究不仅能够推动跨文化伦理理论的创新，还能为国际汉语教育中的数字公民教育提供新的视角。

　　然而，在开展数字时代跨文化伦理研究时，我们也需要警惕一些潜在的风险。首先，如何避免文化相对主义和道德绝对主义的极端，寻找跨文化伦理的平衡点。其次，如何平衡技术创新和伦理约束，确保数字技术在促进跨文化交流的同时不侵犯基本人权。最后，如何处理不同文化背景下的伦理观念差异，这些都需要研究者认真思考和探索。

（三）生态危机背景下的跨文化环境教育

全球生态危机的加剧使得环境问题成为跨文化交流中的重要议题。研究表明，不同文化背景的人对环境问题的认知和态度存在显著差异。例如，某研究团队比较了中国和西方学生对气候变化的态度，发现文化价值观显著影响了他们的环境行为。这种关于跨文化环境教育的研究不仅能够帮助我们理解文化因素在环境问题中的作用，还能为国际汉语教育提供新的内容和方法。

未来，跨文化环境教育研究将更加多元和实践导向。例如，我们可能会看到更多关于跨文化环境合作项目的研究，探讨如何在国际合作中克服文化差异，共同应对环境挑战。或者，我们可能会看到更多关于传统生态智慧在现代环境教育中作用的研究，探讨如何将中国传统的天人合一思想融入国际环境教育。这些研究不仅能够推动跨文化环境教育理论的创新，还能为国际汉语教育中的生态文明教育提供新的思路。

然而，在开展跨文化环境教育研究时，我们也需要注意一些潜在的挑战。首先，如何避免文化决定论，认识到环境行为受多种因素影响。其次，如何平衡全球环境问题的普遍性和地方环境实践的特殊性，避免简单的文化移植。最后，如何处理环境教育中可能涉及的政治经济问题，这些都需要研究者谨慎思考和探索。

第四节 全球化背景下的文化适应与教育策略

在全球化深入发展的今天，文化适应已成为国际汉语教育中不可回避的重要课题。本节将探讨全球化背景下的文化适应问题，并提出相应的教育策略，为国际汉语教育的发展提供新的思路和方向。

一、全球化时代的文化适应挑战

（一）文化认同危机与重构

全球化进程加速了文化的交流与融合，同时也给个体的文化认同带来了挑战。研究表明，许多国际学生在跨文化环境中经历着文化认同的危机和重构过程。例如，某研究团队通过长期跟踪海外留学生，发现他们在适应新文化环境的过程中，常常经历身份困惑、价值观冲突等问题。这些学生需要在保持原有文化认同和融入新文化之间寻找平衡，形成新的文化身份。

这种文化认同的危机和重构不仅影响学生的心理健康，还直接关系到他们的学习效果和跨文化能力的发展。因此，国际汉语教育需要更加关注学生的文化认同问题，帮助他们在全球化背景下重新定位自我，构建积极健康的文化认同。

未来，文化认同研究将更加注重个体差异和情境因素。例如，我们可能会看到更多关于不同性格特质学生的文化认同适应模式研究，或者不同学习阶段文化认同变化的研究。这些研究不仅能够加深我们对文化认同动态过程的理解，还能为制定个性化的文化适应策略提供依据。

然而，在关注文化认同问题时，我们也需要警惕一些潜在的风险。如何避免将文化认同简单化或标签化，如何平衡文化认同教育与其他教育目标，如何处理可能涉及的敏感政治问题，这些都需要教育工作者谨慎思考和处理。

（二）跨文化压力与心理健康

全球化背景下，跨文化接触日益频繁，但同时也给个体带来了较大的心理压力。研究表明，许多国际学生在异文化环境中面临着语言障碍、文化冲击、社交困难等多重压力，容易产生焦虑、抑郁等心理问题。例如，某研究团队对在华留学生进行了大规模调查，发现超过三分之一的学生存在不同程度的心理健康问题，这些问题与他们的文化适应水平密切相关。

跨文化压力不仅影响学生的生活质量，还可能阻碍他们的语言学习和文化理解。因此，国际汉语教育需要更加重视学生的心理健康，提供必要的心理支持和辅导。这不仅是教育机构的责任，也是提高教育质量的必要条件。

未来，跨文化压力与心理健康研究将更加注重预防和干预。例如，我们可能会看到更多关于跨文化压力早期识别的研究，或者文化适应性心理干预方法的开发研究。这些研究不仅能够帮助我们更好地理解和应对跨文化压力，还能为国际汉语教育中的心理健康服务提供科学依据。

然而，在关注跨文化压力和心理健康问题时，我们也需要注意一些潜在的挑战。如何避免将文化差异病理化，如何平衡心理健康服务与尊重文化差异，如何处理可能涉及的隐私和伦理问题，这些都需要教育工作者认真思考和探索。

（三）数字鸿沟与信息素养

在全球化和数字化并行发展的今天，数字鸿沟已成为文化适应的新挑战。研究表明，不同国家和地区在数字基础设施、信息获取能力、网络使用习惯等方面存在显著差异，这些差异可能影响学生的学习体验和文化适应。例如，某研究团队比较了来自发展中国家和发达国家的留学生，发现前者在使用在线学习平台和参与数字文化交流时面临更多困难。

数字鸿沟不仅影响学生的学习效果，还可能加剧文化隔阂和不平等。因此，国际汉语教育需要更加关注学生的信息素养培养，帮助他们克服数字障碍，有效利用数字资源进行语言学习和文化交流。

未来，数字鸿沟与信息素养研究将更加注重实践和创新。例如，我们可能会看到更多关于跨文化数字协作能力培养的研究，或者针对不同文化背景学生的个性化数字学习策略研究。这些研究不仅能够帮助我们更好地理解和应对数字时代的文化适应挑战，还能为国际汉语教育的数字化转型提供指导。

然而，在关注数字鸿沟和信息素养问题时，我们也需要警惕一些潜在的风险。如何避免技术决定论，如何平衡数字化教育与传统教学方法，如何处理数字化可能带来的文化同质化问题，这些都需要教育工作者深入思考和探索。

二、文化适应的创新教育策略

（一）跨文化能力培养的整合性课程设计

面对全球化时代的文化适应挑战，国际汉语教育需要创新课程设计，将跨文化能力培养融入语言教学的各个环节。整合性课程设计强调语言学习与文化理解的有机结合，旨在培养学生的综合跨文化能力。例如，某国际汉语教育机构开发了一套"语言＋文化＋技能"的课程体系，将语言教学、文化体验和实践技能训练有机结合,取得了良好效果。

整合性课程设计不仅能够提高语言教学的针对性和实效性,还能帮助学生更好地应对文化适应的挑战。通过在真实的文化情境中学习语言,学生能够更深入地理解语言背后的文化内涵,同时培养跨文化交际的实际能力。

未来,整合性课程设计将更加注重个性化和灵活性。例如,我们可能会看到更多基于学习者需求的模块化课程设计,或者结合线上线下的混合式跨文化课程。这些创新不仅能够满足不同学习者的需求,还能为国际汉语教育提供更多可能性。

然而,在实施整合性课程设计时,我们也需要注意一些潜在的挑战。如何确保各个模块之间的有机衔接,如何平衡语言学习和文化学习的比重,如何评估学生的综合跨文化能力,这些都需要教育工作者在实践中不断探索和完善。

(二)沉浸式文化体验与反思学习

为了帮助学生更好地适应跨文化环境,国际汉语教育需要提供更多沉浸式的文化体验机会,并引导学生进行深入的反思学习。研究表明,直接的文化体验和有导向的反思能够显著促进学生的文化适应和跨文化能力发展。例如,某中文教育项目设计了一系列"文化漫步"活动,让学生深入中国社区,参与本地文化活动,并通过小组讨论、写作等形式反思自己的文化体验。

沉浸式文化体验不仅能够提高学生的文化敏感性,还能帮助他们发展处理文化差异的实际能力。通过亲身经历和深入反思,学生能够更好地理解自己的文化假设,发展文化同理心,并学会灵活应对跨文化情境。

未来,沉浸式文化体验将更加注重真实性和互动性。例如,我们可能会看到更多利用虚拟现实技术的文化体验项目,或者跨国合作的在线文化交流项目。这些创新不仅能够拓展文化体验的范围和深度,还能为无法亲临中国的学习者提供宝贵的文化体验机会。

然而,在开展沉浸式文化体验时,我们也需要警惕一些潜在的风险。如何避免文化体验的表面化或娱乐化,如何引导学生进行有深度的文化反思,如何处理文化体验中可能遇到的冲突和挑战，这些都需要教育工作者认真思考和设计。

（三）跨文化学习社群建设

在全球化背景下，建立跨文化学习社群对于促进学生的文化适应和语言学习具有重要意义。研究表明，参与跨文化学习社群能够帮助学生拓展社交网络，增加文化交流机会，提高文化适应能力。例如，某国际汉语教育机构建立了一个"中外语言伙伴"项目，将中国学生和国际学生配对，鼓励他们进行语言交换和文化分享，取得了显著成效。

跨文化学习社群不仅能够为学生提供语言实践的机会，还能帮助他们建立跨文化友谊，增强文化理解和认同。通过与不同文化背景的同伴互动，学生能够在真实的社交环境中学习和应用语言，同时发展跨文化交际能力。

未来，跨文化学习社群的建设将更加注重多元化和可持续性。例如，我们可能会看到更多跨机构、跨国家的学习社群合作项目，或者结合线上线下的混合式学习社群。这些创新不仅能够拓展学习社群的范围和影响，还能为学生提供更加丰富和持久的跨文化学习体验。

然而，在建设跨文化学习社群时，我们也需要注意一些潜在的挑战。如何确保社群成员之间的平等互动，如何引导学生超越表面的文化交流，如何处理社群中可能出现的文化冲突，这些都需要教育工作者悉心指导和管理。

三、文化适应评估与反馈机制

（一）多维度文化适应评估体系

为了有效支持学生的文化适应过程，国际汉语教育需要建立科学、全面的文化适应评估体系。传统的评估往往过于关注语言能力，忽视了文化适应的多个维度。一个全面的评估体系应该包括语言能力、文化知识、跨文化交际技能、文化态度和心理适应等多个方面。例如，某国际教育研究机构开发了一套"跨文化适应能力评估工具"，涵盖认知、情感、行为三个维度，能够全面评估学生的文化适应状况。

多维度的评估不仅能够帮助教育者更准确地了解学生的文化适应情况，还能为个性化教学和干预提供依据。通过定期评估，我们可以及时发现学生在文化适应过程中的困难和进步，从而提供有针对性的支持。

未来，文化适应评估将更加注重动态性和个性化。例如，我们可能会看到更多利用大数据和人工智能技术的实时评估系统，或者基于学习者画像的个性化评估方案。这些创新不仅能够提高评估的准确性和时效性，还能为学生提供更加个性化的反馈和指导。

然而，在实施多维度文化适应评估时，我们也需要注意一些潜在的问题。如何确保评估的信效度，如何平衡定量评估和定性评估，如何避免评估给学生带来额外的压力，这些都需要教育工作者认真考虑和设计。

（二）形成性评估与反馈机制

为了更好地支持学生的文化适应过程，国际汉语教育需要建立持续性的形成性评估和反馈机制。与总结性评估相比，形成性评估更注重过程性和发展性，能够为学生提供及时、具体的反馈。例如，某中文教育项目设计了一套"文化适应日志"系统，学生定期记录自己的文化体验和反思，教师则提供针对性的反馈和建议。

形成性评估不仅能够帮助学生及时发现和解决文化适应中的问题，还能促进他们的自我反思能力。通过持续的反馈和指导，学生能够更好地理解自己的文化适应过程，调整学习策略，提高适应效果。

未来，形成性评估与反馈机制将更加注重互动性和个性化。例如，我们可能会看到更多基于人工智能的自动反馈系统，或者利用社交媒体的同伴互评机制。这些创新不仅能够提高反馈的及时性和针对性，还能为学生提供多元的评估视角。

然而，在实施形成性评估和反馈时，我们也需要警惕一些潜在的风险。如何确保反馈的质量和一致性，如何平衡教师指导和学生自主，如何处理文化差异可能带来的误解，这些都需要教育工作者认真思考和探索。

（三）跨文化能力发展的追踪研究

为了深入理解学生的文化适应过程，并不断优化教育策略，国际汉语教育需要开展长期的跨文化能力发展追踪研究。追踪研究不仅能够帮助我们更好地理解文化适应的规律和机制，还能为教育政策和实践提供实证依据。通过长期观察和分析，我们可以识别出影响文化适应的关键因素，从而制定更有针对性的教育策略。

未来，跨文化能力发展追踪研究将更加注重多样性和创新性。例如，我们可能会看到更多结合定量和定性方法的混合研究设计，或者利用新技术（如可穿戴设备）收集实时行为数据的创新研究。这些研究不仅能够加深我们对文化适应过程的理解，还能为国际汉语教育的长期发展提供科学指导。

然而，在开展追踪研究时，我们也需要注意一些潜在的挑战。如何保证研究的长期性和连续性，如何处理样本流失和数据缺失问题，如何平衡研究需求和伦理考量，这些都需要研究者审慎考虑和规划。

第五节 对国际汉语教育的政策建议与启示

基于前文对国际汉语教育未来发展趋势、文化融入与技术创新、跨文化交流研究新动态以及全球化背景下文化适应策略的深入探讨，本节将提出一系列政策建议和启示，为国际汉语教育的长远发展提供战略性思考和实践指导。

一、政策层面的建议与启示

（一）构建开放包容的国际汉语教育政策体系

随着全球化进程的深入，国际汉语教育需要构建更加开放包容的政策体系，以适应多元文化背景下的教育需求。这一政策体系应该体现以下特点：

首先，强调文化多样性和互鉴性。政策制定应该尊重不同国家和地区的文化特点，鼓励中华文化与世界各国文化的对话与交流。例如，可以在政策中明确提出支持"中外文化融合创新"项目，鼓励跨文化艺术创作、文化产品开发等。

其次，注重灵活性和适应性。考虑到不同国家和地区的教育体制和文化传统差异，政策应该预留足够的灵活空间，允许各地根据实际情况进行适当调整。例如，可以采用"政策指导＋本地化实施"的模式，为各国际汉语教育机构提供政策框架，同时鼓励它们根据本地需求制定具体实施方案。

最后，强调国际合作与共建共享。政策应该鼓励和支持国际合作，推动建立全球性的中文教育资源共享平台和合作网络。例如，可以设立"国际汉语教育合作基金"，支持跨国合作研究项目、教师交流计划等。

（二）完善国际汉语教育的质量保障机制

为确保国际汉语教育的质量和效果，需要建立健全的质量保障机制。这一机制应包括以下几个方面：

首先，建立科学的评估标准体系。这个体系应该不仅关注语言能力，还应涵盖文化理解、跨文化交际能力等多个维度。例如，可以参考"欧洲语言共同参考框架"（CEFR）的模式，开发一套适合国际汉语教育的能力描述框架。

其次，实施定期的质量评估。可以建立国际汉语教育质量评估中心，定期对各国际汉语教育机构进行评估，并公布评估结果。这不仅能够促进教育质量的提升，还能为学习者选择教育机构提供参考。

最后，建立反馈改进机制。评估结果应该与政策调整、资源分配等挂钩，形成质量保障的闭环。例如，可以为评估结果优秀的机构提供额外的资金支持或政策优惠，鼓励持续改进。

（三）加强国际汉语教育的人才培养和支持

高质量的国际汉语教育离不开优秀的教育人才。因此，需要制定系统的人才培养和支持政策：

首先，完善国际汉语教育专业人才培养体系。可以在高等院校设立专门的国际汉语教育专业，培养既懂语言教学，又具备跨文化素养和现代教育技术能力的复合型人才。

其次，建立国际汉语教育教师职业发展体系。可以设立专门的职称评定标准，提供多样化的培训和进修机会，鼓励教师不断提升专业能力。

最后，加强对海外中文教师的支持。可以建立"国际汉语教育教师支持网络"，为海外教师提供在线培训、教学资源、心理咨询等多方面支持。

二、实践层面的建议与启示

（一）推动国际汉语教育的数字化转型

面对数字时代的挑战和机遇，国际汉语教育需要积极推动数字化转型：

首先，加强数字化教学平台和工具的开发。可以组建专门的教育技术团队，开发适合不同学习者需求的在线学习平台、移动应用等。这些平台和工具应该注重交互性、个性化和适应性。

其次，推广混合式教学模式。鼓励线上线下相结合的教学方式，充分利用数字技术的优势，同时保留面对面交流的重要性。例如，可以开发"线上学习+线下实践"的课程模式，让学生在线学习语言知识，然后通过线下文化体验活动应用所学。

最后，加强数字素养教育。在课程中加入数字工具使用、网络安全、信息识别等内容，培养学生在数字时代的学习和交际能力。

（二）深化文化融入与跨学科整合

为了提高国际汉语教育的深度和广度，需要进一步深化文化融入，推动跨学科整合：

首先，开发系统的中华文化课程体系。这个体系应该涵盖传统文化、现当代文化、流行文化等多个层面，既要展现中华文化的深厚底蕴，又要反映当代中国的发展变化。

其次，推动中文+专业的复合型课程开发。可以与各行业合作，开发如"商务中文""科技中文""医学中文"等专业化课程，满足不同领域学习者的需求。

最后，鼓励跨学科教学实践。可以组织跨学科教学团队，开发整合语言、文化、艺术、科技等多个领域的创新课程。例如，可以设计"中国传统工艺与现代设计"的课程，让学生在学习语言的同时，了解中国传统工艺，并尝试现代创新设计。

（三）强化跨文化体验与实践

为了培养学生的实际跨文化能力，需要加强跨文化体验与实践：

首先，拓展文化体验的广度和深度。除了传统的文化课程，还可以组织更多样化的文化体验活动，如参与中国节日庆典、体验中国家庭生活、参加中国企业实习等。

其次，推广"服务学习"模式。鼓励学生参与社区服务、志愿活动等，在实践中学习语言，理解文化，培养社会责任感。

最后，建立国际文化交流平台。可以组织线上线下相结合的文化交流活动，如中外学生在线语言交换、跨国文化项目合作等，为学生提供真实的跨文化交流机会。

三、研究层面的建议与启示

（一）加强国际汉语教育的理论创新

为了推动国际汉语教育的长远发展，需要加强理论研究和创新：

首先，鼓励跨学科研究。支持语言学、教育学、文化学、心理学、神经科学等多学科专家合作，探索国际汉语教育的新理论和新模型。例如，可以设立"国际汉语教育跨学科研究基金"，支持创新性的跨学科研究项目。

其次，推动本土化理论建构。鼓励不同国家和地区的研究者结合本地实际，构建适合本地情况的国际汉语教育理论。这可以通过建立"国际汉语教育理论创新网络"，促进全球研究者的交流与合作来实现。

最后，加强实践与理论的互动。鼓励一线教师参与理论研究，同时推动研究成果的实践应用。可以设立"教学研究型教师"岗位，为教师提供更多参与研究的机会。

（二）深化国际汉语教育的方法学研究

为了提高国际汉语教育研究的科学性和有效性，需要深化方法学研究：

首先，推广混合研究方法。鼓励定量和定性方法相结合，提高研究的全面性和深度。可以开设专门的研究方法培训课程，提高研究者的方法学素养。

其次，探索新技术在研究中的应用。如利用大数据分析、人工智能等技术，开展更加精细和动态的教学效果研究。可以设立"教育技术创新实验室"，探索新技术在国际汉语教育研究中的应用。

最后，加强纵向研究。支持长期追踪研究项目，深入了解学习者的语言发展和文化适应过程。可以建立"国际中文学习者数据库"，为长期研究提供基础数据支持。

（三）构建国际汉语教育的知识共享体系

为了促进研究成果的有效传播和应用，需要构建完善的知识共享体系：

首先，建立开放获取的研究资源平台。整合全球国际汉语教育研究资源，建立开放获取的在线数据库，方便研究者共享和利用研究成果。

其次，促进研究成果的国际传播。支持高质量研究成果的多语种翻译和出版，提高国际汉语教育研究的全球影响力。可以设立专门的翻译基金，支持重要研究成果的翻译工作。

最后，加强研究与实践的对话。定期举办国际研讨会、工作坊等，促进研究者与实践者之间的交流。可以建立"研究—实践对话平台"，定期组织线上线下相结合的交流活动。

通过上述政策建议和实践启示，我们期望能够推动国际汉语教育的持续创新和高质量发展。这需要政府、教育机构、研究者和实践者的共同努力，在全球化和数字化的背景下，不断探索和创新，为培养具有跨文化能力的国际人才作出贡献。

同时，我们也应该认识到，国际汉语教育的发展是一个长期的、动态的过程。我们需要保持开放和包容的态度，不断吸收新的理念和方法，适应不断变化的全球教育环境。只有这样，国际汉语教育才能在全球语言教育和文化交流中发挥更加重要的作用，为促进世界文化多样性和人类命运共同体的构建做出积极贡献。

在未来的发展中，我们还需要特别关注以下几个方面：

首先，要注重国际汉语教育的可持续发展。这不仅包括教育质量的持续提升，还包括对环境、社会责任等可持续发展议题的关注。我们可以将可持续发展理念融入课程设计和教学实践，培养学生的全球视野和责任意识。

其次，要加强国际汉语教育的数据安全和伦理建设。随着数字化教育的普及，如何保护学习者的数据隐私，如何确保AI等新技术应用的伦理性，都是我们需要认真思考和规范的问题。

最后，我们要持续关注教育公平问题。如何让更多的人，特别是发展中国家和欠发达地区的学习者，能够获得高质量的国际汉语教育资源，是我们需要长期努力的方向。

总之，国际汉语教育的未来发展充满机遇和挑战。我们需要以开放、创新、包容的态度，不断探索和实践，为构建人类命运共同体、促进世界和平发展做出自己的贡献。

参 考 文 献

[1] 陈光磊. 对外汉语教学中的文化因素[M]. 北京: 北京语言大学出版社, 2016.

[2] 李晓琪. 跨文化交际[M]. 北京: 外语教学与研究出版社, 2015.

[3] 张英. 对外汉语教学中的文化教学研究[M]. 北京: 商务印书馆, 2017.

[4] 赵金铭. 对外汉语教学概论[M]. 北京: 商务印书馆, 2014.

[5] 徐子亮. 对外汉语教学心理学[M]. 上海: 华东师范大学出版社, 2018.

[6] 刘珣. 对外汉语教育学引论[M]. 北京: 北京语言大学出版社, 2015.

[7] 鲁健骥. 对外汉语教学思考集[M]. 北京: 北京语言大学出版社, 2016.

[8] 崔希亮. 跨文化交际学导论[M]. 北京: 北京语言大学出版社, 2017.

[9] 胡文仲. 跨文化交际学概论[M]. 北京: 外语教学与研究出版社, 2014.

[10] 杨寄洲. 对外汉语教学初级阶段教学大纲[M]. 北京: 北京语言大学出版社, 2015.

[11] 孙德金. 对外汉语词汇及词汇教学研究[M]. 北京: 商务印书馆, 2016.

[12] 吕必松. 汉语和汉语作为第二语言教学[M]. 北京: 北京大学出版社, 2017.

[13] 王文宇. 汉语国际教育研究[M]. 北京: 商务印书馆, 2018.

[14] 张和生. 对外汉语课堂教学技巧研究[M]. 北京: 商务印书馆, 2015.

[15] 周小兵. 对外汉语教学导论[M]. 北京: 商务印书馆, 2016.

[16] 朱志平. 对外汉语教学法[M]. 上海：华东师范大学出版社，2017.

[17] 戴悉心. 对外汉语教学课堂研究[M]. 北京：商务印书馆，2015.

[18] 程裕祯. 中国文化要略[M]. 北京：外语教学与研究出版社，2014.

[19] 陈枫. 跨文化交际能力培养研究[M]. 北京：高等教育出版社，2016.

[20] 李泉. 对外汉语教学理论研究[M]. 北京：商务印书馆，2017.

[21] 刘弘. 对外汉语教学中的文化因素研究[M]. 北京：北京大学出版社，2018.

[22] 马箭飞. 对外汉语教学理论研究[M]. 北京：中国社会科学出版社，2015.

[23] 彭增安. 汉语国际教育研究[M]. 北京：高等教育出版社，2016.

[24] 孙玉华. 对外汉语教学法研究[M]. 北京：商务印书馆，2017.

[25] 王海龙. 语言教学与跨文化交际[M]. 上海：上海外语教育出版社，2015.

[26] 吴勇毅. 对外汉语教学法专题研究[M]. 北京：商务印书馆，2016.

[27] 杨惠元. 汉语听力说话教学法[M]. 北京：北京语言大学出版社，2017.

[28] 章兼中. 对外汉语教学概论[M]. 上海：复旦大学出版社，2015.

[29] 赵贤州. 对外汉语教学概论[M]. 上海：上海外语教育出版社，2016.

[30] 郑通涛. 对外汉语教学理论与方法[M]. 北京：北京大学出版社，2018.